HARRO HÖGER

Die Bedeutung von Zweckbestimmungen in der
Gesetzgebung der Bundesrepublik Deutschland

Schriften zur Rechtstheorie

Heft 53

Die Bedeutung von Zweckbestimmungen in der Gesetzgebung der Bundesrepublik Deutschland

Von

Dr. Harro Höger

DUNCKER & HUMBLOT / BERLIN

CIP-Kurztitelaufnahme der Deutschen Bibliothek

Höger, Harro
Die Bedeutung von Zweckbestimmungen in der Gesetzgebung der Bundesrepublik Deutschland. — 1. Aufl.
— Berlin: Duncker und Humblot, 1976.
  (Schriften zur Rechtstheorie; H. 53)
  ISBN 3-428-03763-4

Alle Rechte vorbehalten
© 1976 Duncker & Humblot, Berlin 41
Gedruckt 1976 bei Buchdruckerei Bruno Luck, Berlin 65
Printed in Germany
ISBN 3 428 03763 4

Meinen Eltern

in Dankbarkeit gewidmet

Vorwort

Die Arbeit hat der Juristischen Fakultät der Universität zu Köln im Sommersemester 1975 als Dissertation vorgelegen, das Manuskript wurde im Februar 1975 abgeschlossen.

Die Anregung zu dieser Arbeit ging von Herrn Prof. Dr. Dr. Dietrich Pirson aus, ihm schulde ich besonderen Dank für die ständige hilfreiche Betreuung durch Rat und Förderung. Zugleich möchte ich mich bei Herrn Prof. Dr. Martin Kriele bedanken, der die vorliegende Arbeit wohlwollend unterstützte. Herzlich danke ich Herrn Diplomkaufmann Gero Schöllnhammer für seine kritischen Denkanstöße und seine selbstlose Hilfe bei der Fertigstellung des Manuskripts.

Dem Verlag Duncker & Humblot, Berlin, danke ich für die Aufnahme meiner Arbeit in seine Schriftenreihe.

Köln, im Januar 1976

Harro Höger

Inhaltsverzeichnis

1. Abschnitt

Gegenstand, Materialien und Ziel der Untersuchung

I. Einführung in den Gegenstand	13
1. Erläuterung des Begriffes „Zweckbestimmung"	13
2. Gesetzeseinleitungen in der Rechtsgeschichte	15
II. Materialien der Untersuchung	16
III. Zielvorstellung und Gang der Untersuchung	19

2. Abschnitt

Zusammenstellung der zweckdefinierenden Vorschriften, unterteilt nach Sachbereichen

I. Einführung	21
II. Zweckbestimmungen in Kriegsfolgenbeseitigungsgesetzen	22
III. Zweckbestimmungen in Wirtschaftsgesetzen	25
IV. Zweckbestimmungen in Sozialgesetzen	29
V. Zweckbestimmungen in Gesetzen über Verwaltungseinrichtungen	33
VI. Zweckbestimmungen in Gesetzen gemäß Art. 80 GG	34
VII. Sonstige Zweckbestimmungen	35
VIII. Zwischenergebnis (1)	36
1. Sprachliche Besonderheiten bei Zweckbestimmungen	36
2. Zugehörigkeit zum öffentlichen Recht	37
3. Differenzierte Ausgestaltung der Zweckbestimmungen	37

3. Abschnitt

Die verschiedenen Auffassungen in der Rechtswissenschaft zur Bedeutung von Zweckbestimmungen

I. Überblick	39
II. Auffassungen in der älteren Literatur	39
1. Friedrich Eisele	39

2. Paul Laband	40
3. Georg Jellinek	41
4. Gerhard Anschütz	42
5. Hans Kelsen	42
6. Albert Haenel	43
7. S. Brie	45
8. Richard Thoma	45
III. Auffassungen in der neueren Literatur	45
1. Hermann Heller	45
2. Hans W. Kopp	46
3. Dietrich Jesch	47
4. Peter Schoepke	47
IV. Schlußfolgerungen	47

4. Abschnitt

Die Bedeutung der Vorsprüche in der nationalsozialistischen Gesetzgebung

I. Die Verwendung von Vorsprüchen in der NS-Gesetzgebung	50
II. Die rechtliche Bedeutung der Vorsprüche aus der Sicht der Literatur	52
III. Die Auffassung des RG zur rechtlichen Bedeutung der Vorsprüche	56
VI. Zwischenergebnis (2)	58

5. Abschnitt

Die Bedeutung der Zweckbestimmungen in der Rechtsprechung

I. Die Zweckbestimmungen als Hilfsmittel der Auslegung	59
1. Die Norminterpretation	59
2. Die Lückenausfüllung	60
3. Die Bestimmung des Regelungsbereiches eines Gesetzes	61
4. Die Bestimmung des Adressatenkreises eines Gesetzes	62
5. Die Richtigkeitskontrolle	62
II. Die Zweckbestimmung als Ermessensbindung	63
III. Zwischenergebnis (3)	67

6. Abschnitt

Die Entwicklung eines neuen methodischen Ansatzes

I. Die Systematisierung der Zweckbestimmungen als Grundlage ihrer Analyse	69

Inhaltsverzeichnis 11

II. Mögliche Ordnungssysteme und ihre Merkmale 70
III. Die Bestimmung des dominanten Ordnungsprinzips 72

7. Abschnitt

Zweckbestimmungen in Ermächtigungsgesetzen

I. Erläuterung des Gesetzestypus „Ermächtigungsgesetz" und Beschreibung der darin auftretenden Zweckbestimmungen 74
   1. Analytische Merkmale 74
   2. Das Ermächtigungsgesetz als Zweckprogramm 75
II. Die Bedeutung der Zweckbestimmungen 77
   1. Die Zweckbestimmung als notwendiger formaler Bestandteil . 77
   2. Die Zweckbestimmung als Element des Zweckprogramms 78
   3. Die Zweckbestimmung als Orientierungshilfe für den Bürger 78
   4. Die Zweckbestimmung als Bestandteil der Rechtsverordnung . 79

8. Abschnitt

Zweckbestimmungen in Programmgesetzen

I. Erläuterung des Gesetzestypus „Programmgesetz" und Beschreibung der darin auftretenden Zweckbestimmungen 80
II. Programmgesetze im Raumordnungsrecht 81
   1. Das BBauG als Zweckprogramm, zugleich das Problem des Zielkonflikts 81
   2. Das RaumOrdG als Zweckprogramm, zugleich das Problem der Operationalisierung 83
III. Programmgesetze im Wirtschaftsrecht 85
VI. Die Bedeutung der Zweckbestimmungen 86
   1. Die Gestaltungsfreiheit als Programmbestandteil 86
   2. Das Zweckprogramm als jus strictum 87
   3. Die Zweckbestimmung als Hilfsmittel der Auslegung 87
   4. Kontrollmöglichkeiten 88

9. Abschnitt

Zweckbestimmungen bei Maßnahmegesetzen

I. Erläuterung des Gesetzestypus „Maßnahmegesetz" und Beschreibung der darin auftretenden Zweckbestimmungen 90
   1. Analytische Merkmale 90
   2. Das Maßnahmegesetz als Konditionalprogramm 92

II. Die Bedeutung der Zweckbestimmungen 94

   1. Vorüberlegung 94
   2. Die Zweckbestimmung als Zeitbestimmung 94
   3. Die Zweckbestimmung als Hilfsmittel der systematischen und sachlichen Einordnung des Gesetzes 95
   4. Die Zweckbestimmung als Hilfsmittel der Gesetzesanwendung 96
   5. Die Zweckbestimmung als Hilfsmittel der Auslegung des Gesetzes 97
   6. Das Rangverhältnis zwischen gesetzlich statuiertem und formlosem Gesetzeszweck 99
   7. Die Bedeutung der Zweckbestimmungen für das Vorverständnis 100

10. Abschnitt

Zweckbestimmungen in Sozialstaatsgesetzen

I. Erläuterung des Gesetzestypus „Sozialstaatsgesetz" und Beschreibung der darin auftretenden Zweckbestimmungen 102

II. Die Bedeutung der Zweckbestimmungen 103

   1. Die Zweckbestimmung als Entscheidungs- und Kontrollinstrument 103
   2. Die Zweckbestimmung als Orientierungshilfe für den Bürger 104
   3. Die Zweckbestimmung als Träger rechtspolitischer Aufgaben 105

11. Abschnitt

Zweckbestimmungen in Organisationsgesetzen

I. Erläuterung des Gesetzestypus „Organisationsgesetz" und Beschreibung der darin auftretenden Zweckbestimmungen 106

II. Die Bedeutung dieser Zweckbestimmungen 108

   1. Die Zweckbestimmung als Entscheidungs- und Kontrollinstrument 108
   2. Die Zweckbestimmung als Hilfsmittel der Kompetenzabgrenzung 110
   3. Die Zweckbestimmung als Orientierungshilfe für den Bürger 111

12. Abschnitt

Die Gruppe der Präambeln   112

13. Abschnitt

Ergebnis der Untersuchung   114

Literaturverzeichnis   117

1. Abschnitt

Gegenstand, Materialien und Ziel der Untersuchung

I. Einführung in den Gegenstand

1. Erläuterung des Begriffes „Zweckbestimmung"

Gustav Radbruch glaubte, daß die Gesetzessprache eine neue Qualität erreicht habe. Wenn in verschiedenen Rechtsperioden jeweils der Sprachstil der Überredung, der Überzeugung oder der Belehrung benutzt wurde, um das Gesetz dem Rechtsunterworfenen nahezubringen, so sei diese Entwicklung zu einem Abschluß gekommen. Der moderne Gesetzgeber habe eingesehen, daß es ihm nicht anstehe, sich über den Zweck des Gesetzes zu äußern. Daher stelle das zeitgemäße Gesetz einen Befehl dar, gegründet auf der Macht der Autorität. Folglich würde der Gesetzgeber niemals das Wörtchen „weil" in den Mund nehmen, er erniedrigte damit den um seines Daseins willen verbindlichen Befehl zu einem entsprechend der Überzeugungskraft wirksamen Ratschlag[1].

Die gegenwärtige Gesetzgebungspraxis gibt Radbruch grundsätzlich recht. In ihren Gesetzen folgen auf Überschrift und Eingangsformel sofort die Normen, ohne jede Erläuterung und ohne Hinweis auf den Gesetzeszweck.

Eine Ausnahme bilden jedoch die Vorschriften, die in dieser Arbeit untersucht werden sollen. Ihre Besonderheit ist offensichtlich. Räumlich stehen sie regelmäßig zu Beginn des kodifizierten Gesetzestextes, in Gehalt und Sprachstil unterscheiden sie sich oft wesentlich von den nachfolgenden Bestimmungen. Meistens sind sie besonders betitelt, sie werden mit „Anwendungsbereich[2], Aufgaben[3], Grundsatz[4], Inhalt des Gesetzes[5], Zielsetzung[6], Zweck[7]" usw. benannt. Inhaltlich weisen sie auf die Bedeutung des folgenden Gesetzes im Rahmen umfassender, z. B.

---

[1] Radbruch / Zweigert, Einführung in die Rechtswissenschaft, S. 43 ff.
[2] Straffreiheitsgesetz 1954 vom 17. 7. 1954, BGBl. I S. 203.
[3] Arbeitsförderungsgesetz vom 25. 6. 1969, BGBl. I S. 582.
[4] Ausbildungsförderungsgesetz vom 19. 9. 1969, BGBl. I S. 1719.
[5] Mühlenstrukturgesetz vom 27. 12. 1971, BGBl. I S. 2098.
[6] Zonenrandförderungsgesetz vom 5. 8. 1971, BGBl. I S. 1237.
[7] Gesetz zum Schutz gegen Fluglärm vom 30. 3. 1971, BGBl. I S. 282.

sozialer, wirtschaftlicher oder kultureller Belange hin: Sie erklären die Beweggründe, die zu diesem Gesetz führten, umreißen die Zielvorstellungen und Absichten des Gesetzgebers oder stellen ein Postulat auf, dessen Realisierung das nachfolgende Gesetz erreichen soll.

In der vorliegenden Untersuchung werden diese Vorschriften unter dem Oberbegriff „Zweckbestimmungen" zusammengefaßt, zum einen, weil der Gesetzgeber diese Bezeichnung häufig verwendet, aber auch, weil das Wort „Zweckbestimmung" die finale Ausrichtung eines Gesetzes besonders hervorhebt.

Sie zeichnen sich durch folgende gemeinsame Merkmale aus:

— Sie sind gesetzliche Vorschriften, d. h. sie wurden im ordentlichen Gesetzgebungsverfahren erlassen.

— Sie stehen am Anfang des normativen Teils, als Präambel, als Vorspruch oder als jeweiliger § 1 oder § 2.

— Sie stellen inhaltlich eine Einleitung zum nachfolgenden Gesetz dar.

Beispiel 1

Gesetz über die friedliche Verwendung der Kernenergie
und den Schutz gegen ihre Gefahren (Atomgesetz)[8]

ERSTER ABSCHNITT

Allgemeine Vorschriften

§ 1

Zweckbestimmung des Gesetzes

Zweck dieses Gesetzes ist,
1. die Erforschung, die Entwicklung und die Nutzung der Kernenergie zu friedlichen Zwecken zu fördern,
2. Leben, Gesundheit und Sachgüter vor den Gefahren der Kernenergie und der schädlichen Wirkung ionisierender Strahlen zu schützen und durch Kernenergie oder ionisierende Strahlen verursachte Schäden auszugleichen,
3. zu verhindern, daß durch Anwendung oder Freiwerden der Kernenergie die innere oder äußere Sicherheit der Bundesrepublik gefährdet wird,
4. die Erfüllung internationaler Verpflichtungen der Bundesrepublik auf dem Gebiet der Kernenergie und des Strahlenschutzes zu gewährleisten.

Oft stehen am Anfang von Gesetzen nur Sätze oder Satzteile, die die gleichen Merkmale wie die einleitenden Vorschriften aufweisen und sich von ihnen lediglich dadurch unterscheiden, daß sie nicht als eigener Paragraph formuliert sind. Diese „Motive" werden wegen ihrer gleichartigen Qualität den Zweckbestimmungen zugerechnet.

---

[8] Vom 23. 12. 1959, BGBl. I S. 814.

I. Einführung in den Gegenstand

Sie finden sich

a) in der Überschrift

Beispiel 2

Gesetz über die Sicherstellung von Leistungen auf dem Gebiet
der Wasserwirtschaft zum Zwecke der Verteidigung[9]

b) in der Eingangsformel

Beispiel 3

Gesetz zur Verhinderung der volkswirtschaftlich mißbräuchlichen
Benutzung von Kraftfahrzeugen[10]

Um den bestehenden Mangel an Kraftfahrzeugen, Ersatzteilen, Kraftstoffen und Bereifungen zu beheben und um mißbräuchliche, volkswirtschaftlich unbegründbare Benutzung von Kraftfahrzeugen zu verhindern, hat der Wirtschaftsrat das folgende Gesetz beschlossen, das hiermit verkündet wird:

c) im Rahmen von Begriffsbestimmungen

Beispiel 4

Gesetz über forstwirtschaftliche Zusammenschlüsse[11]

Begriff

Forstbetriebsgemeinschaften sind privatrechtliche Zusammenschlüsse von Grundbesitzern, die den Zweck verfolgen, die Bewirtschaftung der angeschlossenen Waldflächen und der zur Aufforstung bestimmten Grundstücke (Grundstücke) zu verbessern, insbesondere die Nachteile geringer Flächengröße, ungünstiger Flächengestalt, der Besitzzersplitterung, der Gemengelage, des unzureichenden Waldaufschlusses oder anderer Strukturmängel zu überwinden.

2. Gesetzeseinleitungen in der Rechtsgeschichte

Gesetzeseinleitungen sind keine ausschließliche Erscheinung der modernen Gesetzgebungstechnik. Bereits Platon widmet der Frage, ob sie verwendet werden sollen, ein Kapitel in seinem Werk „Nomoi"[12]:

Soviel, Kleiniades, scheinst Du mir demnach richtig zu bemerken, daß es für alle Gesetze Eingänge gibt und daß man beim Beginn jeder Gesetzgebung den ihrer Natur angemessenen Eingang der ganzen Rede jeder vorauszuschicken habe; denn das, was er einleiten soll, ist nichts Geringfügiges

---

[9] Vom 24. 8. 1965, BGBl. I S. 1225.
[10] Vom 21. 11. 1947, WiG Bl. S. 9.
[11] Vom 1. 9. 1969, BGBl. I S. 1543.
[12] Platon, Nomoi, Randziffer 723 c (Stephanus - Numerierung).

noch verschlägt es wenig, ob es deutlich oder nicht im Gedächtnis gehalten werde. Wollten wir jedoch verlangen, daß Gesetze, die für wichtig, und solche die für geringfügig gelten, in gleicher Weise eingeleitet würden, dann begehrten wir wohl Ungehöriges. Denn auch nicht bei jedem Gesange und jeder Rede muß man so etwas tun. Gibt es gleich für alle ihrer Natur angemessene, so sind doch nicht alle anzuwenden; das muß dem Redner, dem Liederdichter, dem Gesetzgeber selbst in jedem einzelnen Falle überlassen bleiben.

Gerade die deutsche Rechtsgeschichte ist reich an Beispielen für die Verwendung von Gesetzeseinleitungen. U. a. seien genannt die Lex Salica mit dem Prologus (um 510), die Capitula legi addita Ludwigs des Frommen (816), die goldene Bulle von 1356, die Ordnung des Kaiserlichen Kammergerichts (1471) sowie der Ewige Landfriede von 1495. Aus dem gleichen Jahr stammt die Ordnung des Reichs-Kammergerichts zu Worms. Zu nennen sind weiterhin die Peinliche Gerichts-Ordnung Karls V. (1532) sowie die 108 Paragraphen Einleitung zum Allgemeinen Landrecht für die Preußischen Staaten von 1794. Daneben müssen die Präambeln der Verfassungen der deutschen Länder aus dem 19. Jahrhundert, des norddeutschen Bundes von 1867, des Deutschen Reichs von 1871 sowie der Vorspruch zur Weimarer Reichsverfassung von 1919 erwähnt werden. Auch in der Weimarer Zeit tritt die Zweckbestimmung gelegentlich auf, z. B. im Sozialisierungsgesetz[13]. In der Gesetzgebung des Nationalsozialismus schließlich werden sie regelmäßig Gesetzesbestandteil.

II. Materialien der Untersuchung

Um eine erste Orientierung über Art und Umfang des Auftretens zweckbestimmender Vorschriften zu gewinnen, wurden zunächst alle Gesetze, die der Deutsche Bundestag bis zum Ende der VI. Legislaturperiode erlassen hat, ausgewertet[14]. Dabei zeigte sich, daß Änderungs- und Ergänzungsgesetze außer Betracht bleiben konnten, da in ihnen keine Zweckbestimmungen formuliert wurden. Hingegen mußten Neufassungen berücksichtigt werden; hier traten im Gegensatz zum alten Gesetz einleitende Vorschriften bisweilen auf.,

---

[13] Vom 23. 3. 1919, BGBl. I S. 341.
[14] Unberücksichtigt blieben die im II. Teil des BGBl. aufgeführten Gesetze, die zwischenstaatliche Vereinbarungen enthalten und diese in innerstaatliches Recht transformieren; ebenso wurden die Präambeln von Verfassungen wegen ihrer besonderen Bedeutung als politisches Recht außer Betracht gelassen. Hierzu ausführlich Schoepke, Die rechtliche Bedeutung der Präambel des GG und Lehmann - Brauns, Die staatsrechtliche Bedeutung der Präambel des GG.

II. Materialien der Untersuchung

Beispiel 5

a) Tierschutzgesetz vom 24. 11. 1933[15]
— keine Einleitung —

b) Tierschutzgesetz vom 24. 7. 1972[16]

Grundsatz

§ 1

Dieses Gesetz dient dem Schutz des Lebens und Wohlbefindens des Tieres. Niemand darf einem Tier ohne vernünftigen Grund Schmerzen, Leiden oder Schäden zufügen.

Ferner wurden Vorschriften durch Neufassung von Gesetzen in ihrer Aussage abgeändert.

Beispiel 6

a) Landesplanungsgesetz vom 11. 3. 1950[17]

§ 1

Aufgaben der Landesplanung

Aufgabe der Landesplanung ist es, die übergeordnete zusammenfassende Planung für eine den sozialen, kulturellen und wirtschaftlichen Erfordernissen entsprechende Raumordnung im Lande Nordrhein-Westfalen zu entwickeln und für deren Einhaltung im Einvernehmen mit den zuständigen Fachministerien und den sonst beteiligten Behörden Sorge zu tragen.

b) Landesplanungsgesetz vom 7. 5. 1962[18]

§ 1

Allgemeine Aufgabe der Landesplanung

(1) Gegenstand und Aufgabe der Landesplanung ist die übergeordnete, überörtliche und zusammenfassende Planung für eine den sozialen, kulturellen und wirtschaftlichen Erfordernissen entsprechende Raumordnung.

(2) Die Landesplanung soll die Gestaltung des Raumes in der Weise beeinflussen, daß unerwünschte Entwicklungen verhindert und erwünschte Entwicklungen ermöglicht und gefördert werden.

(3) Die Landesplanung ist nach näherer Bestimmung dieses Gesetzes eine gemeinschaftliche Aufgabe von Staat und Selbstverwaltung.

Insgesamt konnten aus diesem Bereich etwa 2000 Gesetze untersucht werden.

---

[15] RGBl. I S. 987.
[16] BGBl. I S. 1277.
[17] GV NW 50, S. 41.
[18] GV NW 62, S. 229.

Weiterhin wurden aus dem gleichen Zeitraum die Gesetze des Landes NRW analysiert, ebenso die Satzungen der Stadt Köln. Die geringe Anzahl — nur ein Dutzend Vorschriften — ließ erkennen, daß intensive empirische Arbeit in der Landesgesetzgebung als auch bei Satzungen wenig Erfolg verspricht.

Von den vorkonstitutionellen Gesetzen wurden zunächst die zwischen 1933 und 1945 erlassenen ausgewertet.

Aus dem Zeitraum von 1871 bis 1933 wurden die Jahrgänge 1871, 1880, 1890, 1900, 1910, 1919, 1920, 1921, 1930 bearbeitet. Bei der Auswahl dieser Jahrgänge handelt es sich um eine Stichprobe (jedes zehnte Jahr), in der zusätzlich die Jahre umfassender politischer Verschiebungen berücksichtigt wurden (1871, 1919, 1921).

Nicht einbezogen in die Untersuchung wurden Rechtsverordnungen. Soweit für sie Zweckbestimmungen relevant werden, finden sich diese gem. Art. 80 Abs. 1 S. 2 GG zwangsläufig in den jeweiligen Ermächtigungsgesetzen. Andere zweckbestimmende Vorschriften treten hier im allgemeinen nicht auf.

Ausnahme:

Beispiel 7

Verordnungen über Ausnahmen vom Verbot der Beschäftigung von Arbeitnehmern an Sonn- und Feiertagen in der Eisen- und Stahlindustrie[19]

Im Bestreben, die Sonn- und Feiertage als Tage der Gottesverehrung, der seelischen Erhebung, der Arbeitsruhe und der körperlichen Erholung stärker als bisher zu schützen, wird auf Grund des § 105 d der Gewerbeordnung in Verbindung mit Artikel 129 Abs. 1 des Grundgesetzes mit Zustimmung des Bundesrates für die Eisen- und Stahlindustrie verordnet:

Die empirische Untersuchung zeigte, daß Zweckbestimmungen in den Gesetzen der Bundesrepublik Deutschland die Ausnahme bilden; normalerweise werden sie nicht verwendet. Dennoch läßt sich in der Gesetzgebung seit Mitte der sechziger Jahre eine Tendenz erkennen, umfangreiche und aussagekräftige Zweckbestimmungen in erhöhtem Maße zu verwenden.

Diese Entwicklung kann gegenwärtig noch nicht mit einer vernünftigen Signifikanz durch statistische Methoden nachgewiesen werden, dazu ist die Summe der Zweckbestimmungen absolut und im Verhältnis zu den insgesamt erlassenen Gesetzen zu gering. Außerdem müßten in einer aussagekräftigen Statistik die Zweckbestimmungen nochmals nach Überschriften, Motiven und längeren Einleitungen differenziert

---

[19] Vom 7. 8. 1961, BGBl. I S. 900.

werden. Schließlich verzerrt die Praxis des Parlaments, im letzten Jahr der Legislaturperiode die meisten Gesetze zu verabschieden, am Anfang dagegen nur wenige, eine auf Jahre bezogene Analyse; bei einer auf Legislaturperioden gegründeten Untersuchung würden aber nur zwei Zeiträume unterschieden werden können, die V. und VI. Wahlperiode. Daher erscheint die Annahme eines Trends zur Zweckbestimmung hin zwar nicht unbegründet, sie kann aber gegenwärtig nur als subjektive Erkenntnis formuliert werden.

III. Zielvorstellung und Gang der Untersuchung

Ziel der vorliegenden Arbeit ist, die unterschiedlichen Funktionen von Zweckbestimmungen zu untersuchen, herauszufinden, warum sie von der Legislative gesetzt wurden, ob und inwieweit sie Normen des eigenen Gesetzes und anderer Gesetze beeinflussen und welche Bedeutung ihnen für die Rechtsfindung und Rechtsanwendung zukommt. Dazu wird nicht jede einzelne Vorschrift für sich behandelt, noch werden die Wirkungen einzelner Einleitungen katalogartig aufgezeigt, sondern aus der Vielzahl der Zweckbestimmungen werden die gemeinsamen Strukturen herausgearbeitet, typisiert und bei besonderer Berücksichtigung der spezifischen „Muttergesetze" analysiert. Zwangsläufig treten bei dieser Problemstellung Erörterungen über den rechtlichen Gehalt einzelner Vorschriften zurück.

Die Aufgabe setzt im wesentlichen dort ein, wo die Rechtswissenschaft legislative Aussagen von der Art der Zweckbestimmungen zu Empfehlungen, Beteuerungen, Ermahnungen, Programmen, Proklamationen oder zu bloßen, der Geschwätzigkeit des Gesetzgebers entstammenden Phrasen abqualifiziert und als irrelevant beiseite legt. Gegen diese Auffassung wird die Hypothese gestellt, daß nicht nur normative Befehle, sondern auch andere grundsätzliche Aussagen in Gesetzesform das Rechtssystem und mittelbar das gesellschaftliche Leben beeinflussen. Der Gesetzgeber kann durch Konkretisierung seiner Wertvorstellungen die Rechtsprechung in bestimmte Richtungen lenken, durch Programme Entscheidungsprämissen für exekutive Gestaltungsprozesse setzen, durch Aufgabendefinition eine demokratische Forderung auf Transparenz der Machtstrukturen erfüllen und schließlich durch das Aufstellen sittlicher Postulate erzieherisch wirken.

Um diese Hypothesen zu prüfen, ist es erforderlich, zuerst die Zweckbestimmungen zu sammeln, zu ordnen und aufzuzeigen (2. Abschnitt). Danach sollen in einem rechtshistorischen Teil die verschiedenen Auffassungen zur Frage nach der rechtlichen Bedeutung einleitender Vorschriften dargelegt werden (3. Abschnitt). Hiervon gesondert sind die Ansichten der Literatur und Rechtsprechung zu den Vorsprüchen der

NS-Gesetze, die in der nationalsozialistischen Gesetzgebung eine wesentliche Rolle spielten, zu untersuchen (4. Abschnitt). Anschließend wird die Bedeutung der Zweckbestimmungen in der gegenwärtigen Rechtsprechungspraxis analysiert (5. Abschnitt). In einem weiteren Kapitel werden die Grundlagen und Kriterien herausgearbeitet, die zur Analyse der Funktionen von Zweckbestimmungen dienen sollen (6. Abschnitt). Hieran schließt sich dann die Untersuchung der verschiedenen Gruppen der Zweckbestimmungen an.

2. Abschnitt

Zusammenstellung der zweckdefinierenden Vorschriften, unterteilt nach Sachbereichen

I. Einführung

Von 1949 bis 1972 wurden etwa 170 Zweckbestimmungen in Gesetzen formuliert[1]; nicht mitgerechnet sind dabei die Zweckdefinitionen für Rechtsverordnungsermächtigungen gem. Art. 80 GG, von denen sich oft mehrere in jedem größeren Gesetz finden.

Als möglicher Weg der Darstellung kommt in Betracht, diese 170 Vorschriften nach rein formalen Kriterien, etwa alphabetisch oder in historischer Reihenfolge zu ordnen und aufzuzeigen. Da sie aber die verschiedensten Aussagen machen, in unterschiedlichen Rechtsbereichen auftreten und unterschiedliche Rechtscharaktere vermuten lassen, würde eine an sachlichen und strukturellen Zusammenhängen nicht orientierte Aufzählung nur eine formal-numerische Übersicht vermitteln, die für eine Typisierung der Vorschriften völlig ungeeignet wäre. Deshalb sollen die Zweckbestimmungen im folgenden systematisch zusammengestellt und beispielhaft aufgeführt werden. Als Ordnungsprinzip bietet sich eine Gliederung nach den Sozialbereichen an, in denen Gesetze mit Zweckbestimmungen Regelungsfunktionen wahrnehmen. Zwangsläufig muß diese Einteilung sehr grob gehalten werden, denn sie soll ausschließlich dazu dienen, eine Übersicht über die Mannigfaltigkeit von Zweckbestimmungen zu verschaffen; Ziel der folgenden Zusammenstellung ist es nicht, ein vollständiges und abgeschlossenes System zu bilden.

Zusätzlich sollen die Gesetze, die die Errichtung von Verwaltungsinstitutionen regeln und die Gesetze gem. Art. 80 GG, die die Erteilung einer Ermächtigung an die Exekutive zum Inhalt haben, für sich aufgeführt werden. Beide Gruppen sind so umfangreich, daß es gerechtfertigt erscheint, sie gesondert aufzuzeigen, obwohl sie sachlich in die verschiedenen Sozialbereiche eingeordnet werden könnten.

---

[1] Auf die Zweckbestimmungen in älteren Gesetzen wird in einem späteren Zusammenhang eingegangen werden.

II. Zweckbestimmungen in Kriegsfolgenbeseitigungsgesetzen

Eine Gruppe einleitender Vorschriften kann dem Bereich der Gesetzgebung zugeordnet werden, der sich mit der Beseitigung und Entschädigung der kriegsbedingten Folgen befaßt. Bedingt durch den totalen und umwälzenden Charakter der Kriege, in die Deutschland in jüngerer Zeit verwickelt war, reichte der gewöhnliche Gesetzesbestand nicht aus, um die Verhältnisse nach Kriegsende wirksam zu ordnen. Insbesondere in wirtschaftlichen, aber auch sozialen und kulturellen Bereichen mußten Sondergesetze die Kriegsauswirkungen mindern bzw. beseitigen. Den besonderen Charakter dieser Normen betonen insbesondere die einleitenden Vorschriften.

Bereits nach dem deutsch-französischen Krieg von 1870/71 und dem ersten Weltkrieg treten Kriegsfolgeregelungen mit Zweckbestimmungen auf.

Beispiel 8

(Nr. 663.) Gesetz, betreffend die Gewährung von Beihülfen an die aus Frankreich ausgewiesenen Deutschen[2]

Artikel 1.

Zur Gewährung von Beihülfen an die während des letzten Krieges aus Frankreich ausgewiesenen Deutschen wird außer den für diesen Zweck in Frankreich erhobenen besonderen Kontributionen eine Summe von zwei Millionen Thaler aus den bereitesten Mitteln der von Frankreich zu zahlenden Kriegs-Entschädigung verwendet.

Beispiel 9

(Nr. 7219) Gesetz über das Reichsnotopfer[3]

§ 1

Der äußersten Not des Reichs opfert der Besitz durch eine nach den Vorschriften dieses Gesetzes zu bemessende große Abgabe vom Vermögen (Reichsnotopfer).

Umfassender und aussagestärker sind die einleitenden Vorschriften des Lastenausgleichsgesetzes vom 18. 8. 52[4], jenes Werkes, das als zentrale Regelung für den Ausgleich der kriegsbedingten Schäden anzusehen ist[5].

---

[2] Vom 14. 6. 1871, RGBl. I S. 253.
[3] Vom 31. 12. 1919, RGBl. I S. 2189.
[4] BGBl. I S. 446.
[5] Vgl. § 366 LAG, Vorbehalt weiterer Sondergesetze.

II. Zweckbestimmungen in Kriegsfolgenbeseitigungsgesetzen

Beispiel 10[6]

In Anerkennung des Anspruchs der durch den Krieg und seine Folgen besonders betroffenen Bevölkerungsteile auf einen die Grundsätze der sozialen Gerechtigkeit und die volkswirtschaftlichen Möglichkeiten berücksichtigenden Ausgleich von Lasten und auf die zur Eingliederung der Geschädigten notwendige Hilfe sowie

unter dem ausdrücklichen Vorbehalt, daß die Gewährung und Annahme von Leistungen keinen Verzicht auf die Geltendmachung von Ansprüchen auf Rückgabe des von den Vertriebenen zurückgelassenen Vermögens bedeutet,

hat der Bundestag mit Zustimmung des Bundesrates das nachstehende Gesetz beschlossen:

ERSTER TEIL

Grundsätze und Begriffsbestimmungen

ERSTER ABSCHNITT

Grundsätze

§ 1

Ziel des Lastenausgleichs

Die Abgeltung von Schäden und Verlusten, die sich infolge der Vertreibungen und Zerstörungen der Kriegs- und Nachkriegszeit ergeben haben, sowie die Milderung von Härten, die infolge der Neuordnung des Geldwesens im Geltungsbereich des Grundgesetzes einschließlich Berlin (West) eingetreten sind, bestimmt sich nach diesem Gesetz; die erforderlichen Mittel werden nach Maßgabe dieses Gesetzes aufgebracht (Lastenausgleich).

Umrankt wird das Grundwerk LAG von Gesetzen, in denen der gleiche Zweck, wenn auch weniger ausführlich, in Vorschriften oder Motiven angesprochen wird[7].

Da Kriegsfolgen nicht nur im wirtschaftlichen Bereich, sondern auf allen Gebieten des staatlichen Lebens auftraten und regelungsbedürftig waren, finden sich überall entsprechende Einleitungen[8].

---

[6] Bei der Neufassung des LAG vom 1. 10. 1969, BGBl. I S. 1909, wird nach Abs. 2 der Präambel folgender Zusatz eingefügt: „und unter dem weiteren ausdrücklichen Vorbehalt, daß die Gewährung und Annahme von Leistungen für Schäden im Sinne des Beweissicherungs- und Feststellungsgesetzes weder die Vermögensrechte des Geschädigten berühren noch einen Verzicht auf die Wiederherstellung der unbeschränkten Vermögensrechte oder auf Ersatzleistung enthalten."

[7] Bundesversorgungsgesetz vom 20. 12. 1950, BGBl. I S. 791; Beweissicherungs- und Feststellungsgesetz vom 22. 5. 1950, BGBl. I S. 425; Gesetz über die Abgeltung von Besatzungsschäden vom 1. 12. 1965, BGBl. I S. 734; Altsparergesetz vom 1. 4. 1959, BGBl. I S. 169; Reparationsschädengesetz vom 14. 2. 1969, BGBl. I S. 105; Flüchtlingsgesetz vom 2. 6. 1948, GVNW S. 216; Gesetz über einen Währungsausgleich für Spargutachten Vertriebener vom 1. 12. 1965, BGBl. I S. 2059.

[8] Gesetz zur vorläufigen Regelung der Rechtsverhältnisse der im Dienst des Bundes stehenden Beamten vom 17. 5. 1950, BGBl. I S. 207; Gräbergesetz vom

Beispiel 11

Gesetz zur Regelung von Kriegsfolgelasten
im 2. Rechnungshalbjahr 1949[9]

§ 1

(1) Um die unterschiedliche Belastung der Länder mit Kriegsfolgelasten zu mildern, leisten die Länder Bremen, Hamburg, Nordrhein-Westfalen und Württemberg-Baden Beiträge an einen Ausgleichsstock, aus dem die Länder Bayern, Hessen, Niedersachsen, Rheinland-Pfalz und Schleswig-Holstein Zuschüsse erhalten.

(2) Der Ausgleichsstock wird vom Bundesminister der Finanzen verwaltet.

Beispiel 12

Gesetz über die Festsetzung von Brotpreisen[10]

§ 1

Die Bundesregierung wird ermächtigt, Preise für Mehl, Brot und Kleingebäck durch Rechtsverordnung festzusetzen, wenn und soweit dies zur Sicherung der Brotversorgung des Volkes oder eines volkswirtschaftlich gerechtfertigten Brotpreises erforderlich ist.

Beispiel 13

Gesetz zur Sicherung und Erleichterung der Aufgaben der Kommission
der Vereinten Nationen in Deutschland[11]

Um die Durchführung der Aufgaben der Kommission der Vereinten Nationen zur Untersuchung der Voraussetzungen für freie Wahlen in Deutschland zu sichern und zu erleichtern, hat der Bundestag das folgende Gesetz beschlossen:

Beispiel 14

Gesetz über den Erlaß von Strafen und Geldbußen
und die Niederschlagung von Strafverfahren und Bußgeldverfahren[12]

§ 1

Anwendungsbereich

Zur Bereinigung der durch Kriegs- oder Nachkriegsereignisse geschaffenen außergewöhnliche Verhältnisse werden bei Straftaten und Ordnungswidrigkeiten, die vor dem 1. Dezember 1953 begangen sind, nach den folgenden

---

1. 7. 1965, BGBl. I S. 589; Wohnraumbewirtschaftungsgesetz vom 31. 3. 1953, BGBl. I S. 97; Teuerungszulagengesetz vom 10. 8. 1951, BGBl. I S. 507; Gesetz zur Abwicklung und Entflechtung des ehemaligen reichseigenen Filmvermögens vom 5. 6. 1953, BGBl. I S. 276.

[9] Vom 21. 3. 1950, BGBl. I S. 43.
[10] Vom 12. 9. 1950, BGBl. I S. 678.
[11] Vom 4. 4. 1952, BGBl. I S. 228.
[12] Vom 17. 7. 1954, BGBl. I S. 203.

Vorschriften Strafen und Geldbußen erlassen sowie Strafverfahren und Bußgeldverfahren niedergeschlagen.

Wenn auch nicht unmittelbar zur Kriegsfolgenbeseitigung gehörig, so können zu diesem Komplex dennoch — und zwar unter dem Aspekt der Vergangenheitsbewältigung — auch die Gesetze gerechnet werden, deren Zweck Wiedergutmachung des durch die nationalsozialistische Gewaltherrschaft entstandenen Unrechts ist. Die wichtigste Vorschrift aus diesem Bereich ist die des Bundesgesetzes zur Entschädigung für Opfer der nationalsozialistischen Verfolgung (Bundesentschädigungsgesetz)[13].

Beispiel 15

In Anerkennung der Tatsache,

daß Personen, die aus Gründen politischer Gegnerschaft gegen den Nationalsozialismus oder aus Gründen der Rasse, des Glaubens oder der Weltanschauung unter der nationalsozialistischen Gewaltherrschaft verfolgt worden sind, Unrecht geschehen ist,

daß der aus Überzeugung oder um des Glaubens oder des Gewissens willen gegen die nationalsozialistische Gewaltherrschaft geleistete Widerstand ein Verdienst um das Wohl des Deutschen Volkes und Staates war und

daß auch demokratische, religiöse und wirtschaftliche Organisationen durch die nationalsozialistische Gewaltherrschaft rechtswidrig geschädigt worden sind,

hat der Bundestag mit Zustimmung des Bundesrates das nachstehende Gesetz beschlossen:

Die gemeinsame Aussage dieser Leitvorschriften besteht in dem Hinweis auf die situationsbedingte Besonderheit und damit auf den Ausnahmecharakter dieser Gesetze. Sie machen erkennbar, daß es sich um Übergangsmaßnahmen handelt, die später von der gewöhnlichen Rechtsordnung abgelöst werden sollen[14]. Um das herauszustellen und zu betonen, waren sie erforderlich und wurden vom Gesetzgeber konsequent angewendet.

III. Zweckbestimmungen in Wirtschaftsgesetzen

Der wohl größte Teil zweckbestimmender Vorschriften steht bei den Gesetzen, die die wirtschaftliche Entwicklung allgemein oder in einzelnen Zweigen beeinflussen sollen. Sie stellen Steuerungselemente

---

[13] Vom 29. 6. 1956, BGBl. I S. 562. Ähnlich lautet die Präambel des Bundesergänzungsgesetzes zur Entschädigung für Opfer der nationalsozialistischen Verfolgung vom 18. 9. 1953, BGBl. I S. 1387. Vgl. weiterhin Gesetz über die Entschädigung für Freiheitsentziehung aus politischen, rassischen und religiösen Gründen vom 11. 2. 1949, GV NW S. 63.

[14] Huber, Maßnahmegesetz und Rechtsgesetz, S. 27 ff. (41).

dar, um das in der Verfassung postulierte Ziel des gesamtwirtschaftlichen Gleichgewichts, Art. 109 GG, zu erreichen oder zu erhalten.

Als Einleitungen erläutern sie den Zweck dieser Gesetze, situationsbezogen als normative Aktionen in den Wirtschaftsbereich einzugreifen und durch interventionistische, d. h. punktuell wirksame Maßnahmen wie Sicherheitsleistungen, Kredite und Steuererleichterungen sozialpolitisch gewünschte Veränderungen herbeizuführen[15].

Beispiel 16

Gesetz über die Investitionshilfe der gewerblichen Wirtschaft[16]

§ 1

Zweck des Gesetzes

(1) Zur Deckung des vordringlichen Investitionsbedarfs des Kohlenbergbaus, der eisenschaffenden Industrie und der Energiewirtschaft hat die gewerbliche Wirtschaft nach den Vorschriften dieses Gesetzes einen einmaligen Beitrag (Investitionshilfe) zu leisten, der eine Milliarde Deutsche Mark zu erbringen hat. Dabei werden die auf die bezeichneten Industriezweige, auf die Betriebe der öffentlichen Wasserversorgung und des öffentlichen Verkehrs und auf die öffentlichen Hafenbetriebe entfallenden Leistungen nicht eingerechnet.

Sie kommentieren Gesetze, die die wirtschaftlichen Verhältnisse dem Außenstehenden, insbesondere dem Staat transparent machen, analysieren die wirtschaftlichen Verhältnisse und stellen die Eskalation staatlicher Maßnahmen von gelegentlichen Staatsinterventionen bis hin zur systematischen makroökonomischen Konjunktursteuerung heraus[17].

Beispiel 17

Gesetz über die Bildung eines Sachverständigenrates
zur Begutachtung der gesamtwirtschaftlichen Entwicklung[18]

§ 1

(1) Zur periodischen Begutachtung der gesamtwirtschaftlichen Entwicklung in der Bundesrepublik Deutschland und zur Erleichterung der Urteilsbildung

---

[15] Gesetz über die Erteilung einer Kreditermächtigung vom 4. 3. 1950, BGBl. I S. 42; Gesetz über die Übernahme von Sicherheitsleistungen und Gewährleistungen zur Förderung der deutschen Wirtschaft vom 21. 7. 1951, BGBl. I S. 471; Gesetz über die Investitionshilfe der gewerblichen Wirtschaft vom 7. 1. 1952, BGBl. I S. 7; Gesetz über Finanzierungshilfen aus Mitteln des ERP-Sondervermögens für Investitionen im Bereich der Gemeinden vom 17. 10. 1967, BGBl. I S. 989; Gesetz über den Finanzausgleich unter den Ländern im Rechnungsjahr 1950 vom 16. 3. 1951, BGBl. I S. 198.
[16] Vom 7. 1. 1952, BGBl. I S. 7.
[17] Gesetz über eine Untersuchung der Konzentration in der Wirtschaft vom 31. 12. 1960, BGBl. I S. 9; Gesetz zur Förderung der Stabilität und des Wachstums der Wirtschaft vom 8. 6. 1967, BGBl. I S. 582; Haushaltsgrundsätzegesetz vom 19. 8. 1969, BGBl. I S. 1273.
[18] Vom 14. 8. 1963, BGBl. I S. 685.

bei allen wirtschaftspolitisch verantwortlichen Instanzen sowie in der Öffentlichkeit wird ein Rat von unabhängigen Sachverständigen gebildet.

(2) Der Sachverständigenrat besteht aus fünf Mitgliedern, die über besondere wirtschaftswissenschaftliche Kenntnisse und volkswirtschaftliche Erfahrungen verfügen müssen.

Beispiel 18

Gesetz zur Sicherung des Haushaltsausgleichs
(Haushaltssicherungsgesetz)[19]

In Erkenntnis der Notwendigkeit, die Finanzlage des Bundes im Rahmen einer mehrjährigen Dringlichkeitsordnung mit dem Ziel zu festigen, den Spielraum für eine aktive Konjunkturpolitik über einen ausgeglichenen Haushalt des Bundes zu gewährleisten und damit eine wesentliche Voraussetzung für die Stabilerhaltung von Währung und Kaufkraft bei Aufrechterhaltung optimaler Vollbeschäftigung sicherzustellen, hat der Deutsche Bundestag als ersten Schritt das folgende Gesetz beschlossen:

Sie legen die politischen Vorstellungen des Gesetzgebers dar, zurückgebliebene oder der wirtschaftlichen Entwicklung nicht gewachsene Wirtschaftszweige wie z. B. die Landwirtschaft oder den Kohlebergbau zu subventionieren, durch Strukturverbesserung und eine gezielte Handelspolitik zu unterstützen, um sie so an die allgemeine wirtschaftliche Entwicklung anzupassen[20].

Beispiel 19

Landwirtschaftsgesetz[21]

§ 1

Um der Landwirtschaft die Teilnahme an der fortschreitenden Entwicklung der deutschen Volkswirtschaft und um der Bevölkerung die bestmögliche

---

[19] Vom 20. 12. 1965, BGBl. I S. 2065.
[20] Saatgutgesetz vom 27. 6. 1953, BGBl. I S. 450; Gesetz zur Förderung der deutschen Eierwirtschaft vom 31. 3. 1956, BGBl. I S. 290; Gesetz über forstliches Saat- und Pflanzgut vom 25. 9. 1957, BGBl. I S. 1388; Gesetz zur Förderung der Eingliederung der deutschen Landwirtschaft in den Gemeinsamen Markt vom 9. 9. 1965, BGBl. I S. 1201; Weinwirtschaftsgesetz vom 26. 6. 1969, BGBl. I S. 471; Absatzfondsgesetz vom 26. 6. 1969, BGBl. I S. 635; Gesetz über einen Ausgleich für Folgen der Aufwertung der DM auf dem Gebiet der Landwirtschaft vom 23. 12. 1969, BGBl. I S. 2381; Gesetz über die Erhebung einer besonderen Ausgleichsabgabe auf eingeführten Branntwein vom 23. 12. 1970, BGBl. I S. 1878; Gesetz zur Förderung der Rationalisierung im Steinkohlenbergbau vom 29. 7. 1963, BGBl. I S. 549; Gesetz zur Sicherung des Steinkohleneinsatzes in der Elektrizitätswirtschaft vom 5. 9. 1966, BGBl. I S. 545; Gesetz über die Aufgaben des Bundes auf dem Gebiet der Seeschiffahrt vom 22. 11. 1950, BGBl. I S. 767; Mühlenstrukturgesetz vom 22. 12. 1971, BGBl. I S. 2098; Gesetz zur Förderung der landwirtschaftlichen Siedlung vom 15. 5. 1953, BGBl. I S. 224; Flurbereinigungsgesetz vom 14. 7. 1953, BGBl. I S. 591; Gesetz über die Gemeinschaftsaufgabe „Verbesserung der regionalen Wirtschaftsstruktur" vom 6. 10. 1959, BGBl. I S. 186; Gesetz über die Gemeinschaftsaufgabe „Verbesserung der Argrarstruktur und des Küstenschutzes" vom 3. 9. 1969, BGBl. I S. 1573.
[21] Vom 5. 9. 1955, BGBl. I S. 565.

Versorgung mit Ernährungsgütern zu sichern, ist die Landwirtschaft mit den Mitteln der allgemeinen Wirtschafts- und Agrarpolitik — insbesondere der Handels-, Steuer-, Kredit- und Preispolitik — in den Stand zu setzen, die für sie bestehenden naturbedingten und wirtschaftlichen Nachteile gegenüber anderen Wirtschaftsbereichen auszugleichen und ihre Produktivität zu steigern. Damit soll gleichzeitig die soziale Lage der in der Landwirtschaft tätigen Menschen an die vergleichbarer Berufsgruppen angeglichen werden.

Beispiel 20

Gesetz zur Anpassung und Gesundung des deutschen Steinkohlenbergbaus und der deutschen Steinkohlenbergbaugebiete[22]

§ 1

Zielsetzung

(1) Zur Förderung der aus gesamtwirtschaftlichen Gründen und zur Vermeidung tiefgreifender sozialer und wirtschaftlicher Schäden notwendigen Anpassung der Produktionskapazität des deutschen Steinkohlenbergbaus an die energiewirtschaftliche Entwicklung wird der Bundesbeauftragte für den Steinkohlenbergbau und die Steinkohlenbergbaugebiete (Bundesbeauftragter) eingesetzt. Er hat die Aufgabe, unter Beachtung des Vertrages über die Gründung der Europäischen Gemeinschaft für Kohle und Stahl vom 18. April 1951 (Bundesgesetzbl. 1952 II S. 446), der allgemeinen Wirtschaftspolitik der Bundesregierung und der Notwendigkeit, den technischen Fortschritt in der Energiewirtschaft nicht zu behindern, darauf hinzuwirken, daß unter Berücksichtigung der gesamtwirtschaftlichen Belange sowie der besonderen sozialen und regionalwirtschaftlichen Verhältnisse der Steinkohlenbergbaugebiete
1. die Bergbauunternehmen ihre Produktionskapazität auf die Absatzmöglichkeiten des deutschen Steinkohlenbergbaus ausrichten und
2. die Steinkohlenbergwerke mit der nachhaltig stärksten Ertragskraft ihre Produktionskapazität ausnutzen können.

(2) Der Bundesbeauftragte wird von der Bundesregierung berufen und ist als Bundesoberbehörde dem Bundesminister für Wirtschaft unmittelbar unterstellt.

(3) Im Sinne dieses Gesetzes sind
1. Bergbauunternehmen: Unternehmen, die in der Bundesrepublik Deutschland Steinkohlenbergbau betreiben,
2. Steinkohlenbergbaugebiete: die in der Anlage zu diesem Gesetz aufgeführten Gemeinden und Gemeindeverbände nach dem Stand vom 1. Januar 1968.

(4) Zum Steinkohlenbergbau im Sinne dieses Gesetzes gehören auch der Pechkohlenbergbau und der Braunkohlentiefbau.

Schließlich erläutern Leitvorschriften die speziellen Gesetze, mit denen der Gesetzgeber der besonderen politischen Situation von Berlin-West Rechnung getragen hat[23].

---

[22] Vom 15. 5. 1968, BGBl. I S. 365.
[23] Gesetz zur Förderung der Wirtschaft von Groß-Berlin (West) vom 7. 3. 1950, BGBl. I S. 41.

Beispiel 21

Gesetz zur Erhebung einer Abgabe „Notopfer Berlin"[24]

Als sichtbares Zeichen der Verbundenheit mit Berlin wird ein „Notopfer Berlin" nach Maßgabe der folgenden Vorschriften erhoben.

IV. Zweckbestimmungen in Sozialgesetzen

Umfassende Einleitungen wurden im Sozialrecht entwickelt, das hier zunächst gemäß herkömmlicher Definition als Recht der sozialen Sicherung in der Dreiteilung Sozialversicherung — Sozialversorgung — Sozialhilfe verstanden wird[25]. Zweckbestimmungen finden sich vorwiegend im Bereich der Sozialhilfe[26] und der Sozialversorgung[27], weniger bei der Sozialversicherung[28].

Beispiel 22

Bundessozialhilfegesetz[29]

§ 1

Inhalt und Aufgabe der Sozialhilfe

(1) Die Sozialhilfe umfaßt Hilfe zum Lebensunterhalt und Hilfe in besonderen Lebenslagen.

(2) Aufgabe der Sozialhilfe ist es, dem Empfänger der Hilfe die Führung eines Lebens zu ermöglichen, das der Würde des Menschen entspricht. Die Hilfe soll ihn soweit wie möglich befähigen, unabhängig von ihr zu leben; hierbei muß er nach seinen Kräften mitwirken.

Beispiel 23

Gesetz für Jugendwohlfahrt[30]

§ 1

(1) Jedes deutsche Kind hat ein Recht auf Erziehung zur leiblichen, seelischen und gesellschaftlichen Tüchtigkeit.

---

[24] Vom 26. 10. 1953, BGBl. I S. 1479.
[25] Wertenbruch, Sozialverwaltungsrecht, in: I. v. Münch, Bes. Verwaltungsrecht, S. 293 ff.; Weber, in: Handlexikon zur Rechtswissenschaft, S. 419 ff.; Maunz, Deutsches Staatsrecht, S. 75.
[26] Gesetz zur wirtschaftlichen Sicherung der Krankenhäuser u. zur Regelung der Krankenhauspflegesätze vom 29. 6. 1972, BGBl. I S. 1009; Gesetz über die Tuberkulosehilfe vom 23. 7. 1959, BGBl. I S. 513; Gesetz über einen Bergmannsversorgungsschein im Land NRW vom 9. 1. 1958, GV NW S. 124.
[27] Gesetz über den zivilen Ersatzdienst vom 16. 7. 1965, BGBl. I S. 10 sowie die oben besprochene Kriegsopferversorgung, Lastenausgleich und Regelungen im Vertriebenen-, Flüchtlings-, Kriegsgefangenen- und Heimkehrerrecht.
[28] Vgl. aber Motiv im Mutterschutzgesetz, Neuf. vom 18. 4. 1968, in BGBl. I S. 316.
[29] Vom 30. 6. 1961, BGBl. I S. 815.
[30] Vom 11. 8. 1961, BGBl. I S. 1205.

(2) Das Recht und die Pflicht der Eltern zur Erziehung werden durch dieses Gesetz nicht berührt. Gegen den Willen des Erziehungsberechtigten ist ein Eingreifen nur zulässig, wenn ein Gesetz es erlaubt.

(3) Insoweit der Anspruch des Kindes auf Erziehung von der Familie nicht erfüllt wird, tritt, unbeschadet der Mitarbeit freiwilliger Tätigkeit, öffentliche Jugendhilfe ein.

Zum klassischen Sozialrecht muß der damit eng verwandte Bereich der „Sozialförderung"[31] gerechnet werden, verstanden als gesetzlicher Vollzug der Entwicklung zum demokratischen Sozialstaat. Er umfaßt die Gesetzesgruppen zu Wohnungsbau, Raumordnung, Umweltschutz, Ausbildung und Vermögensbildung. In fast allen Regelungen zu diesem Komplex legte der Gesetzgeber seine politischen Vorstellungen und sein Programm zur Verwirklichung nieder — und zwar in der Form von Zweckbestimmungen.

In den Zweckbestimmungen zum Wohnungsbau kommt die Zielsetzung zum Ausdruck, durch bessere räumliche Lebensbedingungen die Entwicklung der Persönlichkeit, insbesondere die Entfaltung eines gesunden Familienlebens zu gewährleisten. Der Staat sorgt deshalb für die Beschaffung von Bauland, unterstützt den sozialen Wohnungsbau und zahlt Wohngeld zur Sicherung angemessenen und familiengerechten Wohnens[32].

Beispiel 24

Zweites Wohnungsbaugesetz[33]

TEIL I

Grundsätze, Geltungsbereich und Begriffsbestimmungen

§ 1

Wohnungsbauförderung als öffentliche Aufgabe

(1) Bund, Länder, Gemeinden und Gemeindeverbände haben den Wohnungsbau unter besonderer Bevorzugung des Baues von Wohnungen, die nach Größe, Ausstattung und Miete oder Belastung für die breiten Schichten des Volkes bestimmt und geeignet sind (sozialer Wohnungsbau), als vordringliche Aufgabe zu fördern.

---

[31] Der Begriff wurde soweit ersichtlich von Weber geprägt.
[32] Baulandbeschaffungsgesetz vom 3. 8. 1953, BGBl. I S. 720; Erstes Wohnungsbaugesetz vom 24. 4. 1950, BGBl. I S. 83; Gesetz zur Neuregelung der Wohnungsbauförderung vom 2. 4. 1957, GV NW S. 80; Gesetz über die Gewährung von Prämien für Wohnungssparer vom 17. 3. 1952, BGBl. I S. 139; Wohnungsbauprämiengesetz vom 21. 12. 1954, BGBl. I S. 482; Gesetz über Wohnbeihilfen vom 29. 7. 1963, BGBl. I S. 508; Zweites Wohngeldgesetz vom 14. 12. 1970, BGBl. I S. 1637.
[33] Vom 27. 6. 1956, BGBl. I S. 523.

IV. Zweckbestimmungen in Sozialgesetzen

(2) Die Förderung des Wohnungsbaues hat das Ziel, die Wohnungsnot, namentlich auch der Wohnungsuchenden mit geringem Einkommen, zu beseitigen und zugleich weite Kreise des Volkes durch Bildung von Einzeleigentum, besonders in der Form von Familienheimen, mit dem Grund und Boden zu verbinden. Sparwille und Tatkraft aller Schichten des Volkes sollen hierzu angeregt werden. In ausreichendem Maße sind solche Wohnungen zu fördern, die die Entfaltung eines gesunden Familienlebens, namentlich für kinderreiche Familien, gewährleisten.

(3) In Gemeinden mit Kriegszerstörungen soll der Bau von Wohnungen durch Wiederaufbau zerstörter oder Wiederherstellung beschädigter Gebäude unter Beachtung einer gesunden städtebaulichen Gestaltung und Auflockerung bevorzugt gefördert werden.

(4) Der Wohnungsbau soll unter Berücksichtigung der Arbeitsmöglichkeiten namentlich der Wohnraumbeschaffung für die Vertriebenen, Kriegssachgeschädigten und die übrigen Bevölkerungsgruppen dienen, die ihre Wohnungen unverschuldet verloren haben.

(5) Mit diesen Zielen sind in den Jahren 1957 bis 1962 möglichst 1,8 Millionen Wohnungen des sozialen Wohnungsbaues zu schaffen.

In den Zweckbestimmungen zur Strukturverbesserung ist die Aufgabe von Raumordnung, Landesplanung und Städtebauförderung festgelegt, eine den sozialen, kulturellen und wirtschaftlichen Erfordernissen gemäße Infrastruktur zu schaffen[34].

Beispiel 25

Landesplanungsgesetz (von NRW)[35]

§ 1

Allgemeine Aufgabe der Landesplanung

(1) Gegenstand und Aufgabe der Landesplanung ist die übergeordnete, überörtliche und zusammenfassende Planung für eine den sozialen, kulturellen und wirtschaftlichen Erfordernissen entsprechende Raumordnung.

(2) Die Landesplanung soll die Gestaltung des Raumes in der Weise beeinflussen, daß unerwünschte Entwicklungen verhindert und erwünschte Entwicklungen ermöglicht und gefördert werden.

(3) Die Landesplanung ist nach näherer Bestimmung dieses Gesetzes eine gemeinschaftliche Aufgabe von Staat und Selbstverwaltung.

Die einleitenden Vorschriften zu Umweltschutzgesetzen betonen den Zweck, dem Schutz der Gesundheit und damit dem Wohl der Allgemeinheit zu dienen[36].

---

[34] Flurbereinigungsgesetz vom 14. 7. 1953, BGBl. I S. 591; Raumordnungsgesetz vom 8. 4. 1965, BGBl. I S. 306; Gesetz über eine Untersuchung von Maßnahmen zur Verbesserung der Verkehrsverhältnisse der Gemeinden vom 1. 8. 1961, BGBl. I S. 1109; Zonenrandförderungsgesetz vom 5. 8. 1971, BGBl. I S. 1237; Bundesbaugesetz vom 23. 6. 1960, BGBl. I S. 241; Städtebauförderungsgesetz vom 27. 7. 1971; BGBl. I S. 1125,

[35] Vom 7. 5. 1962, GV NW 62 S. 229.

32 2. Abschn.: Zusammenstellung der zweckdefinierenden Vorschriften

Beispiel 26

Gesetz zum Schutz gegen Fluglärm[37]

§ 1

Zweck und Geltungsbereich

Zum Schutz der Allgemeinheit vor Gefahren, erheblichen Nachteilen und erheblichen Belästigungen durch Fluglärm in der Umgebung von Flugplätzen werden für

1. Verkehrsflughäfen, die dem Fluglinienverkehr angeschlossen sind, und
2. militärische Flugplätze, die dem Betrieb von Flugzeugen mit Strahltriebwerken zu dienen bestimmt sind,

Lärmschutzbereiche festgesetzt. Wenn der Schutz der Allgemeinheit es erfordert, sollen auch für andere Flugplätze, die dem Betrieb von Flugzeugen mit Strahltriebwerken zu dienen bestimmt sind, Lärmschutzbereiche festgesetzt werden. Lärmschutzbereiche werden auch für geplante Verkehrsflughäfen, die dem Linienverkehr angeschlossen werden sollen, festgesetzt, wenn die Genehmigung für die Anlegung des Verkehrsflughafens nach § 6 des Luftverkehrsgesetzes erteilt ist.

In den Bereichen der Ausbildungs- und Arbeitsplatzsicherung behandeln die einleitenden Grundsätze die Aus- und Fortbildung, auf die jeder entsprechend seiner Neigung, Eignung und Leistung einen Rechtsanspruch hat sowie die Sicherung der Arbeitsplätze im Rahmen der Sozial- und Wirtschaftspolitik durch die Exekutive[38].

Beispiel 27

Ausbildungsförderungsgesetz[39]

§ 1

Grundsatz

Auf individuelle Ausbildungsförderung besteht für eine der Neigung, Eignung und Leistung entsprechende Ausbildung ein Rechtsanspruch nach Maßgabe dieses Gesetzes, wenn dem Auszubildenden die für seinen Lebensunterhalt und seine Ausbildung erforderlichen Mittel anderweitig nicht zur Verfügung stehen.

---

[36] Gesetz über Detergentien in Wasch- und Reinigungsmitteln vom 5. 9. 1961, BGBl. I S. 1653; Atomgesetz vom 23. 12. 1959, BGBl. I S. 814; Gesetz über Vorsorgemaßnahmen zur Luftreinhaltung vom 17. 5. 1965, BGBl. I S. 413; Pflanzenschutz-Gesetz vom 10. 5. 1968, BGBl. I S. 325; Benzinbleigesetz vom 5. 8. 1971, BGBl. I S. 1234; Gesetz über Beseitigung von Abfällen vom 7. 6. 1972, BGBl. I S. 873.

[37] Vom 30. 3. 1971, BGBl. I S. 282.

[38] Ausbildungsförderungsgesetz vom 25. 6. 1969, BGBl. I S. 582; Berufsbildungsgesetz vom 14. 8. 1969, BGBl. I S. 1112; Graduiertenförderungsgesetz vom 2. 9. 1971, BGBl. I S. 1465; Hochschulbauförderungsgesetz vom 1. 9. 1969, BGBl. I S. 1556; Satzung über die Vergabe von Förderungsstipendien der Stadt Köln vom 25. 3. 1971.

[39] Vom 19. 9. 1969, BGBl. I S. 1719.

In den Vermögensbildungsgesetzen[40] finden sich keine Leitvorschriften.

V. Zweckbestimmungen in Gesetzen über Verwaltungseinrichtungen

Zweckbestimmungen finden sich in den Gesetzen, die die Errichtung von Verwaltungsinstitutionen betreffen[41]. Die meisten bundesunmittelbaren Behörden, Anstalten und Körperschaften wurden durch Gesetz gebildet[42]. In bestimmten Fällen sieht das Grundgesetz sogar vor, daß Verwaltungseinrichtungen durch Gesetz zu schaffen sind (Art. 87 Abs. 1 S. 2; Art. 87 Abs. 3 S. 1 GG).

Hier wird jeweils zu Anfang der Zweck vorgegeben, dem die neue Einrichtung dienen soll; zusätzlich können aus der Definition des Aufgabenbereiches, den die neue Verwaltungseinheit wahrnehmen soll, explizite teleologische Erwägungen entnommen werden.

Beispiel 28

Gesetz über die Errichtung von Rundfunkanstalten des Bundesrechts[43]

§ 1

Errichtung, Name, Aufgabe

(1) Zur Veranstaltung von Rundfunksendungen für das Ausland wird eine gemeinnützige Anstalt des öffentlichen Rechts mit dem Namen „Deutsche Welle" errichtet. Die Sendungen sollen den Rundfunkteilnehmern im Ausland ein umfassendes Bild des politischen, kulturellen und wirtschaftlichen Lebens in Deutschland vermitteln und ihnen die deutsche Auffassung zu wichtigen Fragen darstellen und erläutern.

Als notwendiger Bestandteil finden sich Zweckbestimmungen immer bei Gesetzen zur Errichtung von Stiftungen[44].

---

[40] Erstes Vermögensbildungsgesetz vom 12. 7. 1961, BGBl. I S. 909; zweites Vermögensbildungsgesetz vom 1. 7. 1965, BGBl. I S. 585; drittes Vermögensbildungsgesetz vom 27. 6. 1969, BGBl. I S. 930.

[41] Eine erschöpfende Aufzählung der relevanten Gesetze ist nicht notwendig, da bei allen Gesetzen zu Verwaltungseinrichtungen deren Aufgaben bestimmt werden, wenn sie auch mitunter in ergänzenden Gesetzen auftreten. So sind die Aufgaben des Bundesrechnungshofes statt im „Gesetz über Errichtung und Aufgaben des Bundesrechnungshofes" vom 27. 11. 1950, BGBl. I S. 765 im einzelnen in den §§ 88 ff. BHO aufgeführt.

[42] Hamann, Die Bindung der staatlichen Organisationsgewalt an die Gesetzgebung, NJW 56 S. 1; Maunz - Dürig, Grundgesetz, Art. 87 Rd. 55; kritisch hierzu Köttgen, Die Organisationsgewalt, VVDStRL 16 S. 172.

[43] Vom 18. 5. 1968, BGBl. I S. 365.

[44] Vgl. § 1 der Bayer. AV zum Bayer. Stiftungsgesetz vom 26. 11. 1954: „Eine rechtsfähige Stiftung ist eine durch den Willensakt des Stifters für einen bestimmten Zweck gewidmete Vermögensmasse, die durch staatlichen Hoheitsakt als juristische Person auf unbeschränkte Dauer rechtliche Selbständigkeit erlangt hat."

Beispiel 29

Gesetz über die Errichtung einer Stiftung
„Hilfswerk für behinderte Kinder"[45]

§ 2

Stiftungszweck

Zweck der Stiftung ist es,

1. Leistungen an Behinderte zu erbringen, deren Fehlbildungen mit der Einnahme thalidomidhaltiger Präparate der Firma Chemie Grünenthal GmbH in Stolberg durch die Mutter während der Schwangerschaft in Verbindung gebracht werden können;
2. Behinderten, vor allem solchen unter 21 Jahren, durch Förderung von Einrichtungen, Forschungs- und Erprobungsvorhaben Hilfe zu gewähren, um ihre Eingliederung in die Gesellschaft zu fördern.

VI. Zweckbestimmungen in Gesetzen gem. Art. 80 GG

In Gesetzen, die die Bundesregierung, einen Bundesminister oder die Landesregierungen ermächtigen, Rechtsverordnungen zu erlassen, finden sich immer zweckbestimmende Aussagen[46].

Beispiel 30

Gesetz zum Ausgleich von Schäden infolge besonderer Naturereignisse
in der Forstwirtschaft[47]

§ 1

Beschränkung des ordentlichen Holzeinschlags

(1) Der Bundesminister für Ernährung, Landwirtschaft und Forsten wird ermächtigt, im Einvernehmen mit dem Bundesminister für Wirtschaft durch Rechtsverordnung mit Zustimmung des Bundesrates den ordentlichen Holzeinschlag der Forstwirtschaft für einzelne Holzartengruppen (Fichte, Kiefer, Buche, Eiche) zu beschränken, wenn und soweit dies erforderlich ist, um erhebliche und überregionale Störungen des Rohholzmarktes durch außerordentliche Holznutzungen zu vermeiden, die infolge eines besonderen Natur-

---

[45] Vom 17. 12. 1971, BGBl. I S. 2018.
[46] Gesetz über die Festsetzung von Brotpreisen vom 12. 9. 1950, BGBl. I S. 678; Gesetz über gesetzliche Handelsklassen für Erzeugnisse der Landwirtschaft vom 17. 12. 1951, BGBl. I S. 970; Gesetz zur Aufhebung und Ergänzung der Vorschriften auf dem Gebiet der Mineralölwirtschaft vom 31. 5. 1951, BGBl. I S. 371; Gesetz über die Sicherstellung von Leistungen auf dem Gebiet der gewerblichen Wirtschaft vom 22. 12. 1959, BGBl. I S. 785; Handelsklassengesetz vom 5. 12. 1968, BGBl. I S. 1303; Wirtschaftssicherstellungsgesetz vom 3. 10. 1968, BGBl. I S. 1069; Ernährungssicherstellungsgesetz vom 4. 10. 1968, BGBl. I S. 1075; Verkehrssicherstellungsgesetz vom 8. 10. 1968, BGBl. I S. 1082; Arbeitssicherstellungsgesetz vom 9. 7. 1968, BGBl. I S. 787; Gesetz über gesetzliche Handelsklassen für Rohholz vom 25. 2. 1969, BGBl. I S. 149.
[47] Vom 21. 8. 1969, BGBl. I S. 1533.

ereignisses, insbesondere Windwurf und Windbruch, Schnee- und Eisbruch, Pilzbefall und Insektenfraß (Kalamitätsnutzungen) erforderlich werden. Nutzungen, die durch gesetzlichen oder behördlichen Zwang oder bei Wahrnehmung öffentlicher Aufgaben veranlaßt werden, sind von der Einschlagsbeschränkung ausgenommen.

Der Grund dafür liegt in Art. 80 Abs. 1 S. 2 GG, der für Ermächtigungen an die Exekutive fordert, daß ihr Inhalt, Zweck und Ausmaß im Ermächtigungsgesetz festgelegt sein muß[48]. Damit weicht das Grundgesetz bewußt von der Praxis der Weimarer Zeit ab, die eine solche Regelung nicht kannte[49]. Nach der Verfassungsordnung des Grundgesetzes ist die Rechtsetzung grundsätzlich Sache der Legislative. Rechtsetzung durch die Exekutive ist die — wenn auch praktisch unentbehrliche — Ausnahme und bedarf deshalb einer Ermächtigung, die die Grenzen der Kompetenz absteckt; das Parlament soll die für die Ordnung eines Lebensbereiches entscheidenden Vorschriften selbst setzen. Auf diese Weise wird verhindert, daß die Regierung, gestützt auf unbestimmte Ermächtigungen, an die Stelle des Parlaments tritt[50], andererseits wird dem Parlament „eine Flucht aus der Verantwortung" unmöglich gemacht[51].

VII. Sonstige Zweckbestimmungen

Außer in den vorher aufgezeigten Bereichen werden Zweckbestimmungen bei Verteidigungsgesetzen[52], bei berufsständischen Gesetzen[53], bei Gesetzen bezüglich eines besonderen Anlasses[54] usw.[55] verwendet.

---

[48] Vgl. § 30 GGO Bes. Teil, der die Formel des Art. 80 ausdrücklich wiederholt.

[49] WRV Art. 77 hatte nur den Erlaß von Verwaltungsvorschriften allgemein geregelt. Rechtsverordnungen bedurften einer speziellen gesetzlichen Ermächtigung, ohne daß festgelegt war, in welchem Ausmaß solche Ermächtigungen erteilt werden durften; Bonner Kommentar, Art. 80 I.

[50] BVerfGE 19, 354 (361 f.); zurückgehend auf eine Reihe von älteren Entscheidungen, bes. BVerfGE 1, 14 (60); 7, 282 (301); 15, 153 (160); 18, 52 (62); 20, 257 (269); 20, 282 (291); grundlegend hierzu B. Wolff, Die Ermächtigung zum Erlaß von Rechtsverordnungen nach dem Grundgesetz, AöR 78, 194 ff.

[51] Maunz - Dürig, Grundgesetz, Art. 80 Rd. 2.

[52] Freiwilligengesetz vom 23. 7. 1955, BGBl. I S. 449; Schutzbereichsgesetz vom 7. 12. 1956, BGBl. I S. 889; Schutzbaugesetz vom 9. 9. 1965, BGBl. I S. 1232; Gesetz über das Zivilschutzkorps vom 12. 8. 1965, BGBl. I S. 782; Erstes Gesetz über Maßnahmen zum Schutz der Zivilbevölkerung vom 9. 10. 1957, BGBl. I S. 1696.

[53] Patentanwaltsordnung vom 7. 9. 1966, BGBl. I S. 557; Bundesrechtsanwaltsordnung vom 1. 8. 1959, BGBl. I S. 565; Bundes-Apothekerordnung vom 5. 6. 1968, BGBl. I S. 601; Bundesärzteordnung vom 2. 10. 1961, BGBl. I S. 1857; Lehrerausbildungsgesetz vom 9. 6. 1965, GV NW 157.

[54] Gesetz über den Tag der Deutschen Einheit vom 4. 8. 1953, BGBl. I S. 778; Gesetz über die Ausprägung einer Olympiamünze vom 18. 4. 1969, BGBl. I S. 305.

[55] Gesetz zum Schutz deutschen Kulturgutes gegen Abwanderung vom 6. 8. 1955, BGBl. I S. 501; Tierschutzgesetz vom 24. 7. 1972, BGBl. I S. 1277.

Doch ist deren Anzahl zu gering, um sie als eigene Gruppen aufzuführen.

Beispiel 31

Bundes-Tierärzteordnung[56]

§ 1

(1) Der Tierarzt ist berufen, Leiden und Krankheiten der Tiere zu verhüten, zu lindern und zu heilen, zur Erhaltung und Entwicklung eines leistungsfähigen Tierbestandes beizutragen, den Menschen vor Gefahren und Schädigungen durch Tierkrankheiten sowie durch Lebensmittel und Erzeugnisse tierischer Herkunft zu schützen und auf eine Steigerung der Güte von Lebensmitteln tierischer Herkunft hinzuwirken.

(2) Der tierärztliche Beruf ist kein Gewerbe; er ist seiner Natur nach ein freier Beruf.

Beispiel 32

Gesetz über den Selbstschutz der Zivilbevölkerung[57]

§ 2

Selbstschutzmäßiges Verhalten

Wer zum Selbstschutz verpflichtet ist, hat sich bei Gefahr feindlicher Angriffe so zu verhalten, daß er selber, seine mit ihm in häuslicher Gemeinschaft lebenden Familienangehörigen und die ihm sonst anvertrauten Personen durch Waffenwirkung möglichst wenig Schaden erleiden.

VIII. Zwischenergebnis (1)

Aus der vorherigen Aufstellung lassen sich einige Besonderheiten gegenüber anderen Normen erkennen:

1. *Sprachliche Besonderheiten bei Zweckbestimmungen*

Als ungewöhnlich muß die sprachliche Eigenart dieser Vorschriften gewertet werden. Während die ihnen folgenden Normen in einem spezifisch juristisch geprägten Sprachstil formuliert sind, unterscheiden sich viele von diesen durch einen besonderen Sprachgebrauch. So findet man in den Präambeln feierlich eindringliche Aussagen; ihr Pathos läßt erkennen, daß die Entscheidungen des Gesetzgebers als moralische Wertungen gefällt wurden. Populär formuliert und allgemeinverständlich sind dagegen die Einleitungen der Sozialgesetze; hier wird der spezielle Adressatenkreis berücksichtigt und „damit das gesetzgebungstechnische Grundpostulat der allgemeinen Erkennbarkeit und Verstehbarkeit der

---

[56] Vom 17. 5. 1965, BGBl. I S. 416.
[57] Vom 9. 9. 1965, BGBl. I S. 1240.

Gesetze"[58] erfüllt. Dazu im Gegensatz stehen Gesetzeseinleitungen, die einen Problemkreis regeln, der einen über den juristischen hinausgehenden Sachverstand erfordert. Wenn z. B. in § 1 des Atomgesetzes[59] u. a. der Schutz vor „durch Kernenergie oder ionisierende Strahlen verursachte Schäden" angesprochen wird, so ist der Unterschied zwischen den beiden Gefahrenquellen dem atomtechnischen Laien nicht evident.

Insgesamt kann festgestellt werden, daß bei Einleitungen statt der für den Nichtjuristen oft umständlich und verschnörkelt erscheinenden Fachsprache klare und funktionsgerechte Formulierungen verwendet wurden, die einen Gegensatz zwischen einleitenden und eingeleiteten Vorschriften erkennen lassen.

2. Zugehörigkeit zum öffentlichen Recht

Zweckbestimmungen treten in relativ wenigen Gebieten der Gesetzgebung auf. Sie fehlen gänzlich im Privatrecht. Ausgehend von der rechtsdogmatischen dualistischen Einteilung in Privatrecht und öffentliches Recht müßten die oben aufgeführten Vorschriften dem öffentlichen Recht zugeordnet werden. Das steht für die Gruppen der Ermächtigungs- und Organisationsgesetze, die nur die Kompetenzverteilung innerhalb der staatlichen Gewalt ohne unmittelbare Rechtswirkung für den Bürger regeln, außer Zweifel. Fraglich ist aber, ob Gesetze mit politischem Entscheidungsgehalt, die sowohl in die private Wirtschaft als auch in die gesellschaftliche und persönliche Lebenssphäre eingreifen, um sie zu beinflussen und neu zu ordnen, unter den herkömmlichen Begriff des öffentlichen Rechtes eingeordnet werden können[60]. Dieser Frage soll hier aber nicht weiter nachgegangen werden, da ihre Beantwortung nichts zum Ergebnis der Arbeit beiträgt. Deshalb sei nur darauf hingewiesen, daß immer mehr Stimmen statt der herkömmlichen Begriffsbildung eine allgemeine funktionale Einteilung des Rechts nach Sachgebieten fordern[61]. Die Zuordnung der Leitvorschriften zum öffentlichen Recht ist damit zwar möglich, besagt aber inhaltlich wenig und bietet keinen Zugang zu einer weiteren Analyse.

3. Differenzierte Ausgestaltung der Zweckbestimmungen

Schließlich lassen sich bei den Zweckbestimmungen eine breite Palette unterschiedlichster Typen erkennen. Neben der klassischen Präambel

---

[58] Noll, Gesetzgebungslehre, S. 180.
[59] Vgl. Beispiel 1.
[60] Vgl. die einzelnen Theorien dazu bei Rinken, Handlexikon der Rechtswissenschaft, Stichwort „öffentliches Recht".
[61] Bullinger, Öffentliches Recht und Privatrecht, S. 75 ff. mit weiteren Nachweisen.

mit ethischem Wertgehalt stehen klare politische Aussagen; rationale Zweckerwägungen und Motive des Gesetzgebers finden ebenso ihren Niederschlag wie utopisch anmutende Zukunftsvisionen, die langfristig eine Veränderung gegenwärtiger ökonomischer oder sozialer Verhältnisse postulieren. Aus alledem läßt sich vermuten, daß eine einheitliche Beurteilung dieser unterschiedlichen Gehalte und Strukturen kaum möglich sein wird und daß nur eine differenzierende Analyse Zugang zur speziellen Bedeutung einzelner Vorschriften gestattet.

3. Abschnitt

Die verschiedenen Auffassungen in der Rechtswissenschaft zur Bedeutung von Zweckbestimmungen

I. Überblick

Vorwiegend zu Ausgang des letzten und zu Beginn unseres Jahrhunderts wurde — meist unter dem Begriff „das Problem der unverbindlichen Gesetzesinhalte" — die Frage diskutiert, ob und inwieweit Gesetzen eine unterschiedliche rechtliche Wirkung zuzurechnen sei. Als Rechtswirkung ist dabei „jede in rechtlicher Hinsicht bedeutsame Veränderung der Rechtswelt"[1] zu verstehen. Hierzu gehören in erster Linie die von der Rechtsordnung normierten Folgen, die eintreten, wenn ein Tatbestand sich verwirklicht hat; darüber hinaus zählen ebenso alle Impulse, die von einem Gesetz ausgehend das Rechtssystem in irgendeiner Weise beeinflussen[2].

Die Literatur nach 1945 bezieht zu dieser Frage kaum noch Stellung. Das mag einmal daran liegen, daß durch die Entspannung des Verhältnisses zwischen Exekutive und Legislative mit Ende der deutschen konstitutionellen Monarchie diese vorher wichtige Unterscheidung an Bedeutung verlor[3], zum anderen daran, daß die nachkonstitutionelle Gesetzgebung bis in die sechziger Jahre hinein nur wenige Zweckbestimmungen verwendete und somit kaum Ansatzpunkte für weiterführende Überlegungen in dieser Richtung bot. Nachfolgend sollen einige wesentliche Meinungen zu diesem Problemkreis wiedergegeben werden:

II. Die Auffassungen in der älteren Literatur

1. Friedrich Eisele

Bereits 1886 behandelte Eisele systematisch und umfassend den Bereich des unverbindlichen Gesetzesinhaltes[4]. Er legte dabei einen Geset-

---

[1] Handwörterbuch der Rechtswissenschaft von Stier - Somlo und Elster, Stichwort „Rechtswirkung", bearb. von Manigk.
[2] Ebenda.
[3] Kopp, Inhalt und Form der Gesetze, II, S. 634 Ziffer 22.
[4] Eisele, Unverbindlicher Gesetzesinhalt, AcP 69, S. 275 ff.

zesbegriff zugrunde, wonach durch das Gesetz objektives Recht, also mindestens ein Rechtssatz geschaffen wird.

Zunächst untersucht er den Fall, daß der Gesetzgeber ältere Gesetze in jüngeren auslegt. Da Auslegung Aufgabe der Wissenschaft sei — der Gesetzgeber habe nur zu befehlen — und sich nach logischen Regeln vollziehe, begebe sich der Gesetzgeber in diesem Fall in einen Bereich, der ihm nicht zustehe, und in dem er freier wissenschaftlicher Prüfung unterliege, denn die logische Richtigkeit seiner Auslegung könne er nicht befehlen. Durch seine authentische Interpretation könne er nur verlangen, daß sie bei der Anwendung des ausgelegten Gesetzes zugrunde gelegt werde.

Ebenso verhalte es sich mit Legaldefinitionen. Diese aufzustellen sei eigentlich Aufgabe der Wissenschaft. „Unrichtige Definitionen hat die Praxis zu ignorieren, die Wissenschaft zu korrigieren[5]." Auch „ob und in welcher Weise Rechtssätze, subjektive Rechte, Tatbestände zu klassifizieren sind, ist überall nicht vom Gesetzgeber zu bestimmen, sondern gehört ausschließlich zur wissenschaftlichen Behandlung des Rechts[6]". Legislatorischen Aussagen zu Klassifikation und Systematik kommt nach Eisele mithin keine verbindliche Kraft zu. Ebenso seien unrichtige oder unzulängliche Begründungen falsch und unverbindlich, auch wenn sie in das Gesetz aufgenommen würden.

Weiterhin spricht Eisele Schlußfolgerungen, die lediglich ein Urteil abgeben sollen, die rechtliche Bedeutung ab. Das sind „Sätze, mittelst deren der Sprechende kund gibt, nicht was nach seinem Willen als Recht gelten soll, sondern was nach seiner Ansicht geltendes Recht ist oder aus dem Recht folgt[7]". Hierbei handele es sich um Rechtssätze in Form von Zeugnissen über bestehendes Recht.

Zuletzt stellt er „Lehrsätze" heraus, die sich ebenfalls durch Schlußfolgerung aus den Rechtssätzen ableiten lassen. Den Lehrsatzcharakter erkenne man daran, ob man ihn mit „richtig" oder „falsch" bewerten kann, auch er enthalte keine verbindliche Rechtskraft.

Eisele gelingt es, mit Hilfe seines Gesetzesbegriffes und mit Hilfe einer strikten Trennung zwischen den Aufgaben der Gesetzgebung und denen der Wissenschaft klar herauszuarbeiten, was zum unverbindlichen Gesetzesinhalt zählt.

2. Paul Laband

Die von Laband begründete dualistische Lehre zum Gesetzesbegriff[8] unterscheidet zwischen formellem und materiellem Gesetz. Ein Gesetz

---

[5] Eisele, S. 315.
[6] Eisele, S. 309.
[7] Eisele, S. 323.

im formellen Sinne ist „ein Willensakt des Staates, der in einer bestimmten feierlichen Weise zustande gekommen und erklärt worden ist", unabhängig von Art und Inhalt der Aussage. Ein Gesetz im materiellen Sinn liegt hingegen dann vor, wenn es einen Rechtssatz enthält, wenn die „durch das gesellige Zusammenleben der Menschen gebotenen Schranken und Grenzen der natürlichen Handlungsfreiheit des einzelnen[9]" oder die Grenzen der rechtlichen Handlungsmacht des Staates umschrieben werden. Die Rechtswirkung des materiellen Gesetzes richtet sich nach seiner jeweiligen Aussage, die rechtliche Bedeutung des formellen Gesetzes besteht lediglich darin, daß seine Rechtskraft nur im Wege der Gesetzgebung wieder beseitigt oder geändert werden kann. Was Laband zu den formellen Gesetzen rechnet, zählt er auf:

„In allen Gesetzesbüchern und in den meisten größeren Gesetzen finden sich neben wirklichen Rechtssätzen politische Thesen, Lehrsätze, Einteilungen, Definitionen, Konstruktionen, Konstatierungen von Tatsachen oder Ansichten, erläuternde oder begriffsentwickelnde Ausführungen und namentlich instruktionelle Vorschriften[10]."

An anderer Stelle hebt Laband die rechtliche Unverbindlichkeit stärker hervor: „Manche Gesetze, welche weder eine Rechtsnorm noch ein Rechtsgeschäft zum Inhalt haben, sind ohne alle materielle Wirkung; dahin gehören insbesondere die zahlreichen Gesetzesparagraphen, welche politische, juristische, soziale oder ethische Ansichten zum Ausdruck bringen, Ankündigungen, daß eine gewisse Materie besonders geregelt werden wird, oder daß Anordnungen irgendwelcher Art vorbehalten werden, Konstatierungen von Tatsachen...[11]."

So wird mit Hilfe des doppelten Gesetzesbegriffes den genannten Gesetzesbestandteilen, zu denen auch die meisten Zweckbestimmungen gerechnet werden können, jede materiale Rechtswirkung abgesprochen.

3. Georg Jellinek

Jellinek führt die Theorie Labands weiter[12]; er verbindet rechtsphilosophische, rechtshistorische, rechtsvergleichende und soziologische Untersuchungen mit der Darstellung des zeitgenössischen positiven Rechtes. Hervorgehoben sei an dieser Stelle nur seine Neubegründung des Rechtssatzbegriffes. Er geht dabei von Labands Kriterium „Abgrenzung von Willenssphären" aus, erweitert es aber durch Einbeziehung des

---

[8] Laband, Zur Lehre vom Budgetrecht, AöR 1.Bd. S. 173 ff.; Das Staatsrecht des Deutschen Reiches, S. 55 ff.
[9] Laband, Staatsrecht, S. 67.
[10] Laband, Staatsrecht, S. 57.
[11] Laband, Staatsrecht, S. 69.
[12] Jellinek, Gesetz und Verordnung.

Zweckbegriffes. Die soziale Schrankenziehung muß der nächste oder unmittelbare Zweck eines Rechtssatzes sein. Dieser nächste Zweck im Sinne der „nächsten beabsichtigten Wirkung" muß sorgfältig vom „Endzweck" unterschieden werden; so ist z. B. bei den Vorschriften über die Wehrpflicht der nächste Zweck die Schrankenziehung, daher sind diese Vorschriften Rechtssätze, der Endzweck hingegen die Verteidigung des Staatswesens[13]. Auch mit diesem Rechtssatzbegriff kommt Jellinek bezüglich der hier zu behandelnden Vorschriften zum gleichen Ergebnis wie Laband: „Die Form und Wirkungsart der staatlichen Willensäußerungen kann aber sehr verschieden sein. Alle Formen, mittelst welcher eine Persönlichkeit auf die andere zu wirken vermag, stehen dem Staat zu Gebote. Er kann belehren, Ratschläge erteilen, Begriffe definieren, Tatsachen konstatieren, seine Überzeugung über abstrakte Wahrheiten kundgeben, seine Dankbarkeit feierlich erklären, politische Programme verkünden usw., ohne daß er sich mit einem Herrschergebote an die Untertanen wenden würde. Nimmt er eine dieser Handlungen in der Form von Gesetzen vor, so entstehen dadurch Gesetze, welche keinen verbindlichen Inhalt besitzen, mit einem Worte *unverbindliche* Gesetze[14]."

4. Gerhard Anschütz

Als weiterer Repräsentant der dualistischen Lehre sei noch Anschütz zitiert: „Zur Kategorie der rein formellen Gesetze gehören zunächst diejenigen Legislativakte, welche nicht sowohl keine Rechtsnormen als überhaupt keine Normen, keine Imperative, sondern etwa Verheißungen, Versprechungen, Ratschläge, Meinungsäußerungen enthalten: Gesetze ohne normativen Inhalt[15]."

Als Ergebnis läßt sich festhalten, daß die dualistische Lehre an jedes Gesetz den Maßstab eines Rechtssatzes anlegt. Erkennt sie eine Rechtsqualität nicht, so zählt sie das Gesetz zu den formellen und damit rechtsfolgenlosen. Die Praktikabilität dieses methodischen Ansatzes erscheint jedoch fragwürdig, denn die Entscheidung, ob ein Gesetz Schranken ziehen will oder nicht, kann gerade in Zweifelsfällen dem Wortlaut oft nicht entnommen werden. An diesem Punkt setzt die Kritik Kelsens an der von Laband begründeten Lehre an.

5. Hans Kelsen

Auch Kelsen geht davon aus, daß nicht alle in Gesetzesform gekleideten Aussagen Rechtspflichten materiell-verbindlicher Natur enthal-

---

[13] Jellinek, Gesetz und Verordnung, S. 242.
[14] Jellinek, Gesetz und Verordnung, S. 232.
[15] Meyers, Lehrbuch des Deutschen Staatsrechts, bearbeitet von Gerhard Anschütz, S. 646.

ten, sondern daß sie auch Unverbindliches zum Inhalt haben können[16, 17]. Jedoch verwirft er die von Laband entwickelten Unterscheidungsmerkmale als absolut unfähig. „Der Imperativtheorie fehlt jedes objektive Kriterium für die Unterscheidung des rechtlich verbindlichen von dem rechtlich unverbindlichen Gesetzesinhalt und damit ... eine faktische Unterscheidung zwischen Gesetz im formellen und materiellen Sinne[18]." Er bestimmt die Gesetze danach, ob ein in ihnen festgelegtes Verhalten zu einer Sanktion führt. „Als Inhalt einer Rechtspflicht kann ein Handeln oder Unterlassen der Menschen nur dann erkannt werden, wenn das kontradiktorisch-gegensätzliche Verhalten mit einer Unrechtsfolge bedroht ist, wenn in irgendeinem Teil der Gesetzgebung Strafe oder Exekution auf dieses Verhalten gesetzt ist[19]." An anderer Stelle zählt er zu den „rechtlich irrelevanten Gesetzesinhalten" die gesetzgeberischen Akte, deren subjektiver Sinn zwar eine Norm sei, die ein bestimmtes menschliches Verhalten fordere, die aber nicht zu einem gesetzgeberischen Akt in Beziehung stände, dessen subjektiver Sinn eine einen Zwangsakt als Sanktion für den Fall entgegengesetzten Verhaltens statuierende Norm sei[20]. Weiterhin rechnet er hierzu die gesetzgeberischen Akte, die nicht ein menschliches Verhalten gebieten, erlauben oder ermächtigen, deren Charakter vielmehr „eine religiöse oder politische Theorie zum Ausdruck bringt, wie etwa der Satz, daß das Recht von Gott stammt oder daß das Gesetz gerecht ist oder das Interesse des ganzen Volkes verwirklicht[21]".

6. *Albert Haenel*

Zu den schärfsten Gegnern der Labandschen und damit seinerzeit herrschenden Lehre gehört Albert Haenel. Rigoros lehnt er die Theorie vom rein formellen Gesetz ab und ersetzt sie durch folgende Überlegungen[22]: Ein Gesetz ist ein in den verfassungsmäßigen Formen entstandener Staatswille, der die spezifischen Formen der Promulgation und Publikation aufweist und weiterhin nur das, was unter der Formel „Wir verordnen und verkünden rechtsverbindlich" darstellbar ist. Darstellbar sei aber nur, „was Wille des Staates ist und was Nachahmung und Ge-

---

[16] Auf die von Kelsen entwickelte Rechtssatzkonzeption im allgemeinen kann wegen der Weite des Gegenstandes hier nicht eingegangen werden. Vgl. zum Gesetzesbegriff: Kelsen, Hauptprobleme der Staatsrechtslehre und Reine Rechtslehre.
[17] Kelsen, Hauptprobleme, S. 548.
[18] Kelsen, Hauptprobleme, S. 243.
[19] Kelsen, Hauptprobleme, S. 242.
[20] Kelsen, Reine Rechtslehre, S. 53 f.
[21] Kelsen, Reine Rechtslehre, S. 53 f.
[22] Haenel, Das Gesetz im formellen und materiellen Sinne, S. 159 ff.

horsam heischt". Das rechtlich Irrelevante wird von seinem Gesetzesbegriff nicht umfaßt.

Die Darstellungen gesetzgeberischer Absichten, Definitionen, Systematisierungen, Generalisierungen und Ableitungen können jedoch zu den Gesetzen gerechnet werden, soweit sie integrierende Bestandteile sind. „Denn sie sind nichts anderes als Determinanten, nähere Bestimmungen dessen, was der Gesetzgeber will und befiehlt, verordnet und rechtsverbindlich verkündet[23]." Anders beurteilt Haenel Motive und Programme. „Der Gesetzgeber spricht sich aus über Motive, die ihn leiten, er verkündet den Erfolg, den er zu erreichen wünscht und hofft, er entwickelt das politische Programm, dem seine gesetzgeberischen Anordnungen dienen sollen, er gibt den Gefühlen Ausdruck, die ihn bewegen und sucht die Gefühle bei den Untertanen zu erwecken, die den Gehorsam, ja die Freudigkeit des Gehorsams bewirken können. Insbesondere — der Gesetzgeber legt sich auch die Aufgabe bei, als Lehrer und Erzieher wirksam zu sein. Er stellt wissenschaftliche Behauptungen, Lehrsätze, Definitionen, erläuternde Beispiele auf und zwar in der Absicht, dadurch eine Anleitung zur wissenschaftlichen Behandlung des Rechtes zu geben. Ja, er vermißt sich als Priester oder Moralist die Glaubenssätze, die wahrer Religiosität entsprechen und die Gesinnungen, die einem guten Menschen wohl anstehen, vorzuschreiben[24]." Wenn sich diese Sätze nicht unter die entscheidende Hauptformel „Wir verordnen und verkünden rechtsverbindlich" unterordnen und einordnen lassen, sei es als Imperativ oder als Determination, sind sie rechtlich irrelevant, d. h. überhaupt keine Gesetze im Sinne des Rechtes. Die jeweilige Entscheidung ist Aufgabe der Auslegungskunst, „die von jeher in der Unterscheidung der dispositiven und der enunciativen Bestandteile des Gesetzestextes ausgeübt worden ist. Sie hat festzustellen ... was sich als gesetzgeberischer Wille darstellt und was einen solchen Willen überhaupt nicht oder nur eine Absicht, die zum Willensbeschlusse nicht herangereift ist, zum Ausdruck bringt[25]".

Der Schwerpunkt von Haenels Kritik liegt dort, wo bei Laband „rechtlich irrelevante Äußerungen" des Gesetzgebers als Gesetz aufgefaßt werden. „Ihnen gegenüber reicht meine Höflichkeit weit genug, um dem Gesetzgeber nicht einfach zu sagen: Du bist — im besten Falle — ein Narr. Aber sie reicht nicht so weit, um ihm zu sagen: Du hast ein „Gesetz im formellen Sinne" gemacht. Denn ich halte mich wissenschaftlich weder für verpflichtet noch auch für berechtigt, auch noch für den Unsinn, mag er auf Unverstand oder Bosheit beruhen, wissenschaftliche Kategorien bereit zu halten[26]."

---
[23] Haenel, S. 165.
[24] Haenel, S. 170.
[25] Haenel, S. 171.
[26] Haenel, S. 172.

III. Die Auffassungen in der neueren Literatur

7. S. Brie

Brie ist zwar ein Vertreter der Theorie vom rein formellen Gesetz, trotzdem schränkt er die Gruppe der unverbindlichen Gesetzesinhalte aus den gleichen Gründen wie Haenel ein[27]. Für ihn haben Definitionen deshalb einen rechtlich bindenden Inhalt, weil sie vorschreiben, wie der betreffende Ausdruck im Sinne des Gesetzes zu verstehen ist. Brie nennt sie „begriffsentwickelnde Rechtssätze". Auch der gesetzliche Ausdruck einer Überzeugung bezüglich einer abstrakten (Rechts-)Wahrheit oder die gesetzliche Feststellung einer (juristischen) Tatsache könne einen rechtlich bindenden Charakter haben, soweit dadurch die rechtliche Geltung dieser Wahrheit, bzw. Tatsache und damit auch ihrer logischen Konsequenzen sichergestellt werden soll.

8. Richard Thoma

Thoma hingegen hält die Kategorie des bloß formellen Gesetzes zwar für denkbar und logisch vollziehbar, bezweifelt aber, ob sich in den Gesetzesblättern ein einwandfreies Beispiel eines formellen Gesetzes ohne allen rechtserheblichen Inhalt finden lasse[28]. Denn auch die formellen Gesetze, die keine Rechtsnormen im engeren Sinne des konstitutionellen Rechtssatzbegriffes enthielten, träfen in der Regel doch Anordnungen, „die im Sinn des weiteren, rechtsphilosophischen Begriffes sich als Rechtsnormen darstellen, oder Anordnungen, die sich als befehlende oder gestaltende oder feststellende Individualakte darstellen, so daß also dieser gesetzförmige Staatsakt juristisch nicht bloß Form ist, sondern auch rechtsverbindlichen Inhalt hat[29]". Weiterhin stellt er die Vermutung auf, daß eine gesetzförmige Verlautbarung auch etwas Rechtsverbindliches anordnen wolle. „Auch eine bloße Aussage wird im Zweifel als Werturteil auszulegen sein." Von daher sei nicht anzunehmen, daß es unverbindliche Gesetzesinhalte gebe.

III. Die Auffassungen in der neueren Literatur

1. Hermann Heller

Heller untersucht den Rechtsbegriff in der durch die Weimarer Reichsverfassung neu verfügten demokratischen Staatsordnung[30].

---

[27] Brie, Zur Theorie des constitutionellen Staatsrechts, AöR 4. Bd. S. 1 ff. (12).
[28] Thoma, Grundbegriffe und Grundsätze, Handbuch des Deutschen Staatsrechts, 2. Bd., S. 108 ff. (127).
[29] Thoma, ebenda.
[30] Heller, Der Begriff des Gesetzes in der Reichsverfassung, VDStRl. Heft 4 S. 98 ff.

Seine kurzen Ausführungen zum Problem der Gesetze ohne normativen Inhalt beginnen mit einer bewußten Begriffsverwirrung. Wenn Laband und die nachfolgenden Vertreter der dualistischen Lehre unter „Gesetz" die einzelne Norm verstanden, so bezeichnet Heller als „Gesetz" die Gesamtheit der Normen, die ein „Gesetz" bilden und kann damit polemisch fragen, warum die herrschende Lehre immer von „unverbindlichen Gesetzen" spricht, aber nur Gesetzespartikel mit nichtnormativem Inhalt vorweist. Dennoch sieht er die Möglichkeit, daß Akte der konstitutionellen Legislative keinen normativen Inhalt haben; dann will er aber statt von Gesetzen von Kundgebungen irgendwelcher Art, die das Gesetzeskostüm mißbraucht haben, sprechen. Denn „ein nicht normativer Akt der Legislative ist so wenig ein Gesetz, wie die als Ritterburg gebaute Grunewaldvilla eine Burg ist[31]". Zu den unverbindlichen Gesetzespartikeln rechnet er die Präambel der Reichsverfassung von 1919 und deren ethische Rechtsgrundsätze. (Z. B. Art. 163 Abs. 1 und Abs. 2 S. 1 WRV)[32].

2. Hans W. Kopp

Kopp geht davon aus, daß die Rechtsnorm in der Gesetzesform das Übliche, Durchschnittliche und auch Angemessene sei[33]. Hieran schließt er die Frage an, ob es sich bei den Nichtrechtsnormen, wie er Programme, Ankündigungen, Verheißungen usw. bezeichnet, um Fehlleistungen des Gesetzgebers, um Zeugen von Versehen und Mißverständnissen handele. Er lehnte diese Ansicht als zu schematisch ab, obwohl eine solche Annahme sich nicht durchweg ausschließen lasse. Weitergehend fragt er, ob ein Rechtssystem überhaupt ohne Nichtrechtsnormen auskommen könne, denn zum Teil dienten sie einer rechtlich sehr wichtigen Aufgabe, wie sie die Präzisierung der Wertgrundlagen darstellt. Schließlich stellt er — wie Thoma — den Grundsatz auf, daß im Zweifel der Normcharakter eines Satzes, der in ein Rechtssystem aufgenommen wurde, zu bejahen sei. „Denn es ist ja der unzweifelhafte Telos jeder legislatorischen Tätigkeit, daß gestaltet — und zwar regelmäßig durch Normsetzung gestaltet — und nicht bloß beschrieben oder deklariert oder vielleicht geschwatzt wird[34]."

Er teilt die „Rechtsvorschriften ohne Normcharakter" ein in zunächst die Gruppe derer, denen eine Feierlichkeit zu eigen ist und die auf die Zukunft gerichtet sind. Hierzu gehören Programme, Ankündigungen, Verheißungen und unverbindliche Ratschläge. Diese Vorschriften wollen, so Kopp, die Wirklichkeit gestalten und enthalten darum die Aus-

---

[31] Heller, S. 113.
[32] Heller, S. 123.
[33] Kopp, Inhalt und Form der Gesetze, S. 625 ff.
[34] Kopp, S. 626.

sage des Sollens. Nur verzichtet der Rechtsetzer auf den Rechtsbefehl, statt dessen schlägt er den Adressaten vor, diese Normen autonom zu akzeptieren. Legaldefinitionen versteht er als Bestandteile der Vorschriften, deren Begriffe sie entwickeln und er rechnet ihnen materiellgesetzlichen Charakter zu, wenn die die fraglichen Begriffe nennende Rechtsvorschrift ihrerseits Rechtssatzcharakter ausweist. Auch in anderen Aussagen der Legislative wie Lehrsätzen und Danksagungen vermag er eine Rechtsbedeutung zu erkennen.

Im Ergebnis liegt Kopp auf der Ebene von Brie, wenn er unter Zuhilfenahme der beiden Gesetzesbegriffe das formelle Gesetz ohne normativen Inhalt grundsätzlich akzeptiert, im Einzelfall aber erhebliche Einschränkungen vornimmt.

3. Dietrich Jesch

Jesch konzediert unter Bezugnahme auf Heller, daß der Gesetzgeber die Möglichkeit habe, auch Gesetze ohne normativen Inhalt zu erlassen[35]. Wenn dieser Fall einträfe, so handele es sich um nichts anderes als um eine falsa demonstratio, um einen „Mißbrauch des Gesetzeskostüms". Freilich paßten die in der Diskussion häufig genannten Beispiele nicht immer, denn es komme nicht darauf an, ob jeder einzelne Satz Rechte und Pflichten begründe. Soweit Definitionen, Grundsatzerklärungen und ähnliche nicht unmittelbar verbindliche Gesetzesinhalte für die Interpretation der übrigen Bestimmungen von Bedeutung seien, handele es sich weder um einen unverbindlichen noch um einen nicht-normativen Gesetzesinhalt.

4. Peter Schoepke

Abschließend sei noch Schoepke aufgeführt, der zu dem Ergebnis kommt, daß eine Vermutung dafür bestehe, daß die Verlautbarungen des Gesetzgebers Rechtsnormen setzen oder zumindest Wertgrundlagen bezeichnen[36]. Soweit diese Erklärungen des Gesetzgebers für die Auslegung und Anwendung seiner Bestimmungen von Bedeutung seien, könnten sie nicht mehr als unverbindlich gelten.

IV. Schlußfolgerungen

Im vorangegangenen Teil wurden die unterschiedlichen Auffassungen der Literatur zur Rechtswirkung von gesetzgeberischen Aussagen aufgezeigt. Gemeinsam ist dabei allen Autoren, daß sie die Untersuchung im Zusammenhang mit dem Gesetzesbegriff aufnehmen und aus ihrem

---

[35] Jesch, Gesetz und Verwaltung, S. 9 Anm. 4.
[36] Schoepke, Die rechtliche Bedeutung der Präambel des Grundgesetzes für die Bundesrepublik Deutschland, S. 234.

spezifischen Verständnis vom Gesetz heraus die Entscheidung fällen oder ableiten, was verbindliche und zwingende Aussage des Gesetzgebers ist und was nicht. Eine solche Feststellung ist zwar bedeutsam, doch schöpft sie die Problematik der Zweckbestimmungen nicht aus. Eine Alternativentscheidung, ob ein verbindlicher oder unverbindlicher Gesetzesinhalt vorliegt, wird der Fragestellung nach den unterschiedlichen Funktionen der Zweckbestimmungen nicht gerecht; Zweckbestimmungen müssen differenzierter analysiert werden.

Trotz des Mangels der zu globalen Beurteilung ist die Entscheidung, ob Zweckbestimmungen verbindliche oder unverbindliche Aussagen darstellen, ein wesentlicher Beitrag, um ihre Bedeutung zu erkennen. Daher ist im folgenden zu untersuchen, ob eine der wiedergegebenen Theorien richtige Ergebnisse im Sinne juristischer Dogmatik erzielt hat. Als erste Voraussetzung dafür müßte der Autor einen zeitgemäßen Gesetzesbegriff als Prämisse seiner Überlegungen zugrunde gelegt haben, denn zwangsläufig ändern sich die Ergebnisse mit der Veränderung der Voraussetzungen.

Das Gesetz ist ein politisches Führungsmittel, dessen sich die Staatsgewalt zur Durchsetzung ihrer Vorstellungen bedient. Damit spiegelt das Gesetz immer eine konkrete historische Situation wider und seine Eigenschaften als politisches Machtmittel können nur vor dem Hintergrund der jeweiligen Ausformung der Staatsgewalt bestimmt und definiert werden. Von daher kann es keinen allgemeinen, für alle Staatsformen verbindlichen Gesetzesbegriff geben[37], sondern nur einen systemspezifischen[38].

Zur Zeit ist der Gesetzesbegriff Gegenstand umfassender Überlegungen in der Rechtswissenschaft[39], pessimistisch wird formuliert, der Ge-

---

[37] L. Schmidt, Handlexikon zur Rechtswissenschaft, Stichwort „Gesetz".

[38] So wurde z. B. die dualistische Lehre vom formellen und materiellen Gesetzesbegriff entwickelt, um die Kompetenzproblematik der konstitutionellen Monarchie zu erfassen. Mit Hilfe der Eigentums- und Freiheitsklausel als Kriterium des materiellen Gesetzes wurde der Bürger vor nicht parlamentarisch kontrollierten Eingriffen seitens des Monarchen geschützt. Andererseits entzog man den Haushaltsplan der Kompetenz des Parlaments, indem man ihn zum rein formellen Gesetz erklärte. Für die dualistische Lehre kann als Ergebnis festgehalten werden, daß die konstitutionelle Monarchie durch sie einen adäquaten juristischen Überbau erhielt. Bereits Jellinek erkannte ihre hervorragendste Bedeutung darin, „daß sie allein den Weg weist zu einer Lösung eines der schwierigsten Probleme des constitutionellen Staatsrechts, der Abgrenzung der Competenz der constitutionellen Gesetzgebung von der Verordnungs- und Verfügungsgewalt der Regierung" in: Gesetz und Verordnung, S. 254.

[39] Böckenförde, Gesetz und gesetzgebende Gewalt; Achterberg, Kriterien des Gesetzesbegriffs unter dem Grundgesetz, DÖV 73, S. 289 ff.; Ellwein / Görlitz, Parlament und Verwaltung, S. 148; Huber, Maßnahmegesetz und Rechtsgesetz; Jesch, Gesetz und Verwaltung; Krawietz, Zur Kritik am Begriff des

IV. Schlußfolgerungen

setzesbegriff befinde sich in einer Krise[40]. Zwar hat sich die Unterscheidung zwischen formellem und materiellem Gesetz im Grundgesetz manifestiert[41] und auch die überkommene deutsche Verfassungslehre[42] sowie die Rechtsprechung[43] gehen noch immer von zwei Gesetzesbegriffen aus. Aber man hat erkannt, daß die dualistische Theorie das entpolitisierte Relikt einer Verfassungstradition ist[44]. Daher findet eine Auseinandersetzung um einen unseren tatsächlichen Gegebenheiten entsprechenden Gesetzesbegriff statt, wobei unser konkretes verfassungsrechtliches Gesamtgefüge mit den staatlichen Funktionen wie Leistung und Planung, aber auch Phänomenen wie den Einzelfall- und Maßnahmegesetzen besonders berücksichtigt werden. Hierbei wird versucht, zwischen einem rechtsstaatlichen, demokratischen, sozialstaatlichen und einem politischen Gesetzesbegriff zu unterscheiden[45]. Diese Typen haben sich jedoch noch nicht als fest abgegrenzte dogmatische Begriffe in der Rechtswissenschaft statuiert, um ihre Inhalte wird gegenwärtig gerungen.

Wenn aber das Problem eines zeitgemäßen Gesetzesbegriffes noch als ungelöst angesehen werden muß, so kann keiner der vorher aufgezeigten Autoren einen aktuellen Gesetzesbegriff verwendet haben. Damit scheiden sie alle aus der Diskussion aus, denn die aus heutiger Sicht falsche Prämisse führt zwangsläufig zu falschen Ergebnissen. Die Ausgangsfrage, welcher der besprochenen Theorien der Vorzug zu geben ist, muß dahingehend beantwortet werden, daß keine verwendet werden kann.

Die Konsequenz hieraus ist, daß die Methode, mit Hilfe des Gesetzesbegriffes Gesetze mit verbindlichem und unverbindlichem Gesetzesinhalt zu unterscheiden, nur dann praktikabel sein könnte, wenn ein eigener Gesetzesbegriff entwickelt würde. Davon soll aber Abstand genommen werden, wenn mit Hilfe anderer Methoden die Bedeutung der Zweckbestimmungen analysiert werden kann.

Maßnahmegesetzes, DÖV 69, S. 127 f.; Meyer - Cording, Die Rechtsnormen; Roelleke, Der Begriff des positiven Gesetzes und das Grundgesetz; L. Schmidt Handlexikon zur Rechtswissenschaft; Starck, Der Gesetzesbegriff des GG.
[40] Kewening, Zur Revision des GG; Planung im Spannungsverhältnis von Regierung und Parlament, DÖV 73, 23 (27).
[41] In Art. 104 Abs. 1 S. 1 spricht das Grundgesetz ausdrücklich von einem „förmlichen Gesetz", in Art. 59 Abs. 2 S. 1 von der „Form" eines Bundesgesetzes.
[42] Küchenhoff, Allgemeine Staatslehre, S. 133 f.; Mangoldt - Klein, das Bonner Grundgesetz, S. 1335; Maunz - Dürig, Grundgesetz, Art. 20 Rd. 97.
[43] BVerfGE 1, 184 (189); 8, 71 (75); 9, 338 (343); 20, 56 (91).
[44] Ellwein / Görlitz, S. 148; L. Schmidt, S. 145.
[45] L. Schmidt, S. 143 f.

4. Abschnitt

Die Bedeutung der Vorsprüche in der nationalsozialistischen Gesetzgebung

I. Die Verwendung von Vorsprüchen in der NS-Gesetzgebung

Von 1933 bis 1942 sind zweckbestimmte Vorschriften, die in der Terminologie des Reichsgerichts „Vorsprüche" genannt werden[1], ein regelmäßiger Bestandteil der Gesetze; sie bilden ein spezifisches Merkmal nationalsozialistischer Gesetzgebung[2]. Die Vorsprüche werden als ein „eigener Stil der Gesetzgebung[3]" angesehen, man feiert sie als Errungenschaft der nationalsozialistischen Rechtspolitik: „Es war auch hier wieder der starke und richtige Instinkt des nationalsozialistischen Rechtsdenkens, der die Verbindung vom Gesetz zum Recht im eigentlichsten Sinne schuf, sofern die Präambel von den Paragraphen zu der konkretisierten Gerechtigkeitsidee hinüberleitet[4]."

Formal zeichnen sich die Vorsprüche dadurch aus, daß sie — wie eine Präambel — vor dem eigentlichen Text stehen und nicht als Paragraphen bezeichnet oder numeriert sind. Durch einen häufig größeren

---

[1] In der Literatur hingegen wurden auch Bezeichnungen wie „Leitsätze" oder „Präambeln" gewählt.

[2] Von den mehr als sechzig Gesetzen seien beispielhaft angeführt: Reichserbhofgesetz, vom 29. 9. 1933, RGBl. I S. 685; Gesetz zur Änderung des Verfahrens in bürgerlichen Rechtsstreitigkeiten vom 27. 10. 1933, RGBl. I S. 780; Reichsjagdgesetz vom 7. 3. 1934, RGBl. I S. 549; Gesetz über den Ausgleich bürgerlich-rechtlicher Ansprüche vom 13. 12. 1934, RGBl. I S. 1235; Deutsche Gemeindeordnung vom 30. 1. 1935, RGBl. I S. 49; Blutschutzgesetz vom 12. 7. 1935, RGBl. I S. 1146; Energiewirtschaftsgesetz vom 13. 12. 1935, RGBl. I S. 1451; Gesetz zum Schutz des Namens „Solingen" vom 25. 7. 1938, RGBl. I S. 953; Gesetz über die Vertretung der in den Gebieten Eupen, Malmedy und Moresnet ansässigen deutschen Volksgenossen im Großdeutschen Reichstag vom 4. 2. 1941, RGBl. I S. 73. Daneben wurden auch Rechtsverordnungen (vgl. Verordnung des Reichspräsidenten zum Schutz von Volk und Staat vom 28. 2. 1933, RGBl. I S. 83), Führererlässe (vgl. Erlaß des Führers und Reichskanzlers über die Zuständigkeit auf dem Gebiete des Fernsehwesens vom 12. 7. 1935, RGBl. I S. 1059) und andere gesetzgeberische Willenskundgebungen (vgl. Proklamation der Reichsregierung an das deutsche Volk vom 16. 3. 1935, RGBl. I S. 369 mit einem sechsseitigen Vorspruch) mit Vorsprüchen versehen.

[3] Schmitt, Kodifikation oder Novelle, DJZ 1935 Sp. 922.

[4] Schmidt - Rimpler, Zur Gesetzgebungstechnik, S. 83.

I. Die Verwendung von Vorsprüchen in der NS-Gesetzgebung

Abstand zur nächsten Norm wird der Unterschied auch graphisch hervorgehoben. Die Verkündungsformel steht entweder zu Beginn oder am Ende.

Inhaltlich kommt in ihnen das nationalsozialistische Gedankengut zum Ausdruck, mit seinen Wertvorstellungen und Idealen wie Blut, Boden und Rasse findet es Eingang in das bis dahin wertneutrale positive Recht. Damit wird die Verbindung zwischen Rechtspraxis und Ideologie hergestellt.

Der Anschauung mögen die beiden folgenden Beispiele dienen:

Beispiel 33

Reichsjagdgesetz[5]

Die Reichsregierung hat das folgende Gesetz beschlossen, das hiermit verkündet wird:

Die Liebe zur Natur und ihren Geschöpfen und die Freude an der Pürsch in Wald und Feld wurzelt tief im deutschen Volk. Aufgebaut auf uralter germanischer Überlieferung, hat sich so im Laufe der Jahrhunderte die edle Kunst des deutschen Waidwerks entwickelt. Für alle Zukunft sollen Wild und Jagd als wertvolle deutsche Volksgüter dem deutschen Volk erhalten bleiben, die Liebe des Deutschen zur heimatlichen Scholle vertiefen, seine Lebenskraft stärken und ihm Erholung bringen von der Arbeit des Tages.

Die Pflicht eines rechten Jägers ist es, das Wild nicht nur zu jagen, sondern auch zu hegen und zu pflegen, damit ein artenreicher, kräftiger und gesunder Wildstand entstehe und erhalten bleibe. Die Grenze der Hege muß freilich sein die Rücksicht auf die Bedürfnisse der Landeskultur, vor allem der Landwirtschaft und Forstwirtschaft.

Das Jagdrecht ist unlösbar verbunden mit dem Recht an der Scholle, auf der das Wild lebt und die das Wild nährt. Die Ausübung des Jagdrechts aber kann nur nach den anerkannten Grundsätzen der deutschen Waidgerechtigkeit zugelassen werden. Treuhänder der deutschen Jagd ist der Reichsjägermeister; er wacht darüber, daß niemand die Büchse führt, der nicht wert ist, Sachwalter anvertrauten Volksguts zu sein.

Dem deutschen Volk ein einheitliches Jagdrecht zu geben, das diesen Grundsätzen entspricht, ist die Aufgabe des neuen Reichs. Es erfüllt diese Aufgabe durch das Reichsjagdgesetz.

Beispiel 34

Gesetz zur Änderung des Verfahrens in bürgerlichen Rechtsstreitigkeiten[6]

Eine volkstümliche Rechtspflege ist nur in einem Verfahren möglich, das dem Volke verständlich ist und einen ebenso sicher wie schleunig wirkenden Rechtsschutz verbürgt.

---

[5] Vom 7. 3. 1934, RGBl. I S. 549.
[6] Vom 27. 10. 1933, RGBl. I S. 780.

Die Parteien und ihre Vertreter müssen sich bewußt sein, daß die Rechtspflege nicht nur ihnen, sondern zugleich und vornehmlich der Rechtssicherheit des Volksganzen dient.

Keiner Partei kann gestattet werden, das Gericht durch Unwahrheiten irrezuführen oder seine Arbeitskraft durch böswillige oder nachlässige Prozeßverschleppung zu mißbrauchen. Dem Rechtsschutz, auf den jeder Anrecht hat, entspricht die Pflicht, durch redliche und sorgfältige Prozeßführung dem Richter die Findung des Rechts zu erleichtern.

Aufgabe des Richters ist es, durch straffe Leistung des Verfahrens und in enger Fühlung mit den Parteien dahin zu wirken, daß jede Streitsache nach gründlicher Vorbereitung möglichst in einer einzigen Verhandlung aufgeklärt und entschieden wird. Er hat Vertagungen, die nicht sachlich dringend geboten sind, zu vermeiden und zu verhindern, daß ein Verfahren durch verspätetes Vorbringen verschleppt wird.

Nur so gelangt man zu einem lebendigen Verfahren mit voller Mündlichkeit und Unmittelbarkeit, das dem Richter eine sichere Findung der Wahrheit ermöglicht und dessen Verlauf die Parteien mit Verständnis und Vertrauen folgen können.

Um die zur Erreichung dieser Ziele vorhandenen gesetzlichen Mittel zu verstärken und zugleich noch andere notwendige Verbesserungen des Verfahrens herbeizuführen, hat die Reichsregierung das nachstehende Gesetz beschlossen, das hiermit verkündet wird:

Zwangsläufig wurde nach dem Zusammenbruch des „Dritten Reiches" von den Alliierten im Militärregierungsgesetz 1 verordnet, daß die Vorsprüche zukünftig unberücksichtigt bleiben[7]:

„Deutsches Recht, das nach dem 30. Januar 1933 in Kraft trat und in Kraft bleiben darf, ist entsprechend dem klaren Sinn des Wortlautes auszulegen und anzuwenden. Gesetzeszwecke und Deutungen, die in Vorsprüchen oder anderen Erklärungen enthalten sind, bleiben bei der Auslegung außer Betracht."

II. Die rechtliche Bedeutung der Vorsprüche aus der Sicht der Literatur

Am Anfang steht die zeitgenössische Literatur der „bewußten Schöpfung der nationalsozialistischen Rechtspolitik[8]" zurückhaltend gegenüber, der Vorspruch wird als „nicht zu dem eigentlichen Gesetzestext[9]" gehörig angesehen. So weist z. B. Hoche[10] darauf hin, daß der Vorspruch zur Verordnung zum Schutz von Volk und Staat[11] „rechtlich keinen Be-

---

[7] Gesetz Nr. 1 Art. III Z 6 der Militärregierung im Amtsblatt der Militärregierung Deutschland, Kontrollgebiet der zwölften Armeegruppe, S. 12.

[8] Dietze, Der Gesetzesvorspruch im geltenden deutschen Reichsrecht, S. 19.

[9] Wenzel - Friedrich, Das Reichserbhofgesetz, S. 10, zitiert nach Dietze, S. 74.

[10] Hoche, Die Verordnungen zum Schutz von Volk und Staat und gegen Verrat am deutschen Volke, DJZ 1933, Sp. 396 und Die Schutzhaft nach der Verordnung vom 28. 2. 1933, DJZ 1933, Sp. 1491.

[11] Vom 28. 2. 1933, RGBl. I S. 83.

II. Die rechtliche Bedeutung der Vorsprüche

standteil der materiellen Vorschriften der Verordnung" bilde, sondern nur das Motiv darstelle, „ohne selbst Gesetzesbestandteil zu sein". Aber bereits 1935 erklärt Carl Schmitt[12] ohne nähere Begründung, daß die Vorsprüche „unmittelbar und in der intensivsten Weise *positives Recht*" seien. „Sie sind auch *echte Revisionsnormen.*" Sieht Köttgen[13] sie noch als Möglichkeit an, Sachverhalte zu umschreiben, „die man nicht in die befehlende Form des Paragraphen pressen konnte," so erkennen Schmid-Rimpler[14] und Hedemann[15] in ihnen „Träger des Richtigkeitsgedankens" und folgern daraus, daß „1. die Auslegung des Gesetzes im Zuge jenes Richtigkeitsgedankens zu erfolgen habe, daß 2. Lücken des Gesetzes aus dem Gedankengut des Vorspruchs aufzufüllen sind, und daß 3. Sätze des eigentlichen Gesetzestextes, die mit dem Richtigkeitsgedanken des Vorspruchs unvereinbar sind, als fehlgegangene Ergebnisse der Gesetzesfassung abgelehnt werden müssen."

Pracht[16] unterscheidet zwischen einerseits weltanschaulicher und erzieherischer sowie andererseits juristischer Bedeutung der Vorsprüche. Für ihn stellen sie ideologiekonforme Lösungen gesellschaftlicher Konfliktsituationen dar. „So bereitet der Vorspruch das ihm folgende Gesetz von der Weltanschauung her vor . . . Seine Bedeutung liegt also weltanschaulich darin, daß er Auskunft gibt über die weltanschauliche Grundlage, aus der heraus das Gesetz geboren wurde und folglich auch über das, was der Gesetzgeber mit diesem Gesetz erreichen will".

Einen erzieherischen Wert der Vorsprüche sieht er darin, daß sie wegen ihrer volkstümlichen Sprache vom Bürger verstanden werden; jetzt kann „auch der einfachste Volksgenosse dank den Vorsprüchen wenigstens das Grundsätzliche bei einem Gesetz erfassen."

Rechtlich ordnet Pracht die Vorsprüche zwischen der nationalsozialistischen Weltanschauung, die er als oberstes Leitsystem versteht und dem Gesetz ein. Sie sind von größerer Bedeutung als das einzelne Gesetz, denn sie konkretisieren und positivieren bisher ungeschriebene Rechtsüberzeugungen des Volkes." Deshalb ist es für Pracht unvorstellbar, daß einzelne Sätze in einem Vorspruch geändert werden. „Wird ein Gesetz aufgehoben, so verschwindet auch sein Vorspruch. Aber die darin zum Ausdruck gebrachten Rechtsgedanken sind — infolge der Unvergänglichkeit des Rechts — damit nicht ausgelöscht, sondern leben als ungeschriebenes Recht weiter. Schon aus dieser Überlegung ergibt sich

---

[12] Schmitt, Sp. 920.
[13] Köttgen, Vom Deutschen Staatsleben, Jahrbuch des öff. Rechts Bd. 24 (1937), S. 143.
[14] Schmidt - Rimpler, S. 83.
[15] Hedemann, Das Gesetz als Anruf, S. 27.
[16] Pracht, der Gesetzesvorspruch, S. 104 ff.

klar die Höherwertigkeit des Vorspruchs vor den Einzelbestimmungen des eigentlichen Gesetzes." Andererseits dürfen die Vorsprüche nicht zur Grundlage rechtlichen Handelns gemacht werden, da sie hinsichtlich ihres Inhaltes weiter, allgemeiner und grundsätzlicher als der Inhalt einzelner Gesetzesnormen und somit keine Gesetze sind. Ihre rechtliche Bedeutung besteht darin, „Richtschnur für die Gesetzesanwendung und Gesetzesauslegung zu sein, da sie den Willen des Gesetzgebers und den Gesetzeszweck unmißverständlich und zuverlässig (authentisch)" zum Ausdruck bringen.

Am ausführlichsten untersucht Dietze[17] die Bedeutung der Vorsprüche. Auch er betont zuerst, daß ihnen eine beispiellose erzieherische Bedeutung zukomme, indem sie Volk und Recht einander näher brächten. „Sie tragen dazu bei, die Rechtsfremdheit des Volkes, die mindestens ebenso groß wie die Volksfremdheit des Rechts war, zu überwinden." Er glaubt, daß diese Gesetze, die nicht als „dürre und sachliche Paragraphen" auftreten, sondern „jeden einzelnen persönlich in lebenswarmen Worten ansprechen", nicht nur zum Verständnis beitrügen, darüber hinaus „auch zum Herzen der Volksgenossen" eine Brücke schlügen. Jeder einzelne würde „im Kern seines Wesens" angesprochen, überzeugt und auf das Ziel hin ausgerichtet, sich in das nationalsozialistische Volksrecht einzubeziehen. Deshalb leiteten die Vorsprüche das Gesetzeswerk nicht nur ein, sondern „sie geleiten den Leser durch alle Einzelheiten sicher hindurch. So bilden sie gleichsam die Leuchtfeuer, die den Weg weisen, und die dazu da sind, um vor allem anderen beachtet zu werden."

Im Anschluß daran setzt sich Dietze mit der Frage auseinander, in welchem Verhältnis das Gesetzesvorwort zum übrigen oder eigentlichen Gesetz und umgekehrt dieses zu seiner Einleitung stehe. Für ihn sind die Gesetzesvorsprüche Gesetzesbestandteile, da sie nicht wie die Materialien oder Motive außerhalb des Gesetzes stehen, sondern in ihnen enthalten sind. Eine formalistische Betrachtungsweise dergestalt, daß wegen der besonderen Stellung der Vorsprüche — Trennung von den anderen Paragraphen — ihnen ein Gesetzescharakter abgesprochen werden müsse, lehnt er ab. Ihre Aufgabe sieht er darin, „die Grundlage aller im Gesetz enthaltenen Bestimmungen klarzumachen. Daß dies geschieht, ist um so wichtiger, als das Gesetz nach heutiger Auffassung im wesentlichen ein Mittel der Planung darstellt und nicht so sehr ins Einzelne als vielmehr ins Grundsätzliche zielt." Deshalb bilden sie „das Herzstück oder das ewig wache Gewissen des Gesetzes."

Er grenzt sie vom „Programm" ab, das zwar allgemein beachtenswert, aber juristisch nicht erheblich sei. Bloße Programmpunkte enthielten die Präambeln deshalb nicht, weil sie ihre Verwirklichung bereits im Ge-

---

[17] Dietze, S. 62 ff.

II. Die rechtliche Bedeutung der Vorsprüche

setz selbst fänden. Daher sprächen sie „verbindliche Rechtsgedanken" aus. Unter Recht versteht Dietze, wie auch die anderen Autoren, alles, was dem Volk nützt. „Die Rechtsordnung ist die Lebensordnung des Volkes". Im Ergebnis stellt er fest, „daß die Gesetzesvorsprüche verbindliches Recht enthalten und wichtige Bestandteile des Gesetze selber bilden", dabei mißt er ihnen unterschiedliche Rechtskraft zu.

Er teilt die Vorsprüche in drei Typen mit unterschiedlicher Rechtskraft ein. „Die erste Gruppe umfaßt alle die Gesetzeseingänge, die selber bereits den wesentlichen Inhalt des gesamten Gesetzes angeben, die zweite Gruppe jene Gesetzesvorworte, die den bestimmten Zweck des Gesetzes umreißen, die dritte Gruppe den geringen Rest an Gesetzesvorsprüchen, die den besonderen Anlaß der gesetzlichen Maßnahme berichten".

Am stärksten sei die Rechtskraft bei den Vorsprüchen der ersten Gruppe. „Sie stellen eine Vorwegnahme des Hauptinhaltes der einzelnen Bestimmungen dar und können mithin als eine Art Inhaltsangabe des Gesetzes gelten." Da die in ihnen enthaltenen Rechtssätze sinngemäß oder wörtlich in den folgenden Normen wiederkehren, und da sie im Aussageton abgefaßt sind, können sie — nach Dietze — ebenso gut wie die entsprechenden Paragraphen zur Grundlage einer Entscheidung oder Verwaltungsmaßnahme gemacht werden.

Als nahezu ebenso stark ordnet er die Rechtskraft der Vorsprüche der zweiten Gruppe ein, die den Zweck des Gesetzes bezeichnen. Sie erlangen besondere Bedeutung bei der Gesetzesauslegung, denn sie erleichtern sie, „weil sie die Richtung, den Plan, den Zweck oder das Ziel des Gesetzesganzen maßgeblich ansprechen. Sie sind daher für die Auslegung wesentlich, ja schlechthin entscheidend, weil sie die vom Führer bestimmte Marschrichtung andeuten".

Deshalb muß der Richter in Zweifelsfällen so entscheiden, wie es dem Zweck entspricht. „Stets nimmt der Gesetzeszweck an der Rechtskraft des Gesetzes teil. Da er den fruchtbaren Boden des ganzen Gesetzes bildet, vermag er zur Urteilsgrundlage in den Fällen zu werden, in denen die paragraphierten Bestimmungen zu einem unsachgemäßen oder zu überhaupt keinem Ergebnis führen würden". Er kann also „zur unmittelbaren, schöpferischen Rechtsgrundlage auch des Richters" werden.

Die dritte Gruppe ist die zahlenmäßig kleinste. Ihre Vorsprüche enthalten den besonderen Anlaß der gesetzgeberischen Maßnahme, erzählen historische Begebenheiten, schildern einen angeblichen Zustand oder umreißen sonstige Begebenheiten. Diese Gruppe besitzt geringe rechtliche Bedeutung insoweit, als sie zum Verständnis des jeweiligen Gesetzes beiträgt.

III. Die Auffassung des RG zur rechtlichen Bedeutung der Vorsprüche

Das RG hat — soweit ersichtlich — in insgesamt nur elf Entscheidungen Stellung zur Rechtsqualität der Vorsprüche bezogen[18]. Hierbei lassen knappe Ausführungen und zum Teil ungenaue Formulierungen eine Unsicherheit erkennen, mit der es diesem rechtlichen Phänomen gegenüber stand. So wird erstaunlicherweise jede Auseinandersetzung mit der doch zahlreichen Literatur vermieden, das Schrifttum wird völlig ignoriert.

Grundsätzlich sieht das RG in den Vorsprüchen eine besondere Erläuterung der gesetzgeberischen Vorstellungen zum jeweiligen Gesetz — und nicht mehr. Den Forderungen der Literatur, die bekanntlich darin gipfelten, die Vorsprüche als echte Rechtsnormen anzuerkennen, trug es in keiner Weise Rechnung. So hatte es im Urteil vom 1.11.1937[19] zu entscheiden, ob der Absatz 3 Satz 2 des Vorspruches zum Reichsjagdgesetz[20]: „Die Ausübung des Jagdrechts aber kann nur nach den anerkannten Grundsätzen der deutschen Waidgerechtigkeit zugelassen werden" als Schutzgesetz im Sinne des § 823 Abs. 2 BGB gelte. Dazu führt es aus: „Was sie (die Bestimmungen des Badischen Landrechts) inhaltlich zum Ausdruck brachten, kann als Schutzgesetz auch nicht dadurch fortgelten, daß der Vorspruch zum Reichsjagdgesetz in seinem Absatz 3 Satz 2 ganz allgemein auf die anerkannten Grundsätze der deutschen Waidgerechtigkeit verweist, nach denen allein die Ausübung des Jagdrechts zugelassen werden könnte. Weiter mag dahingestellt bleiben, ob ein Gesetzesvorspruch über seine Bedeutung für die Auslegung des Gesetzes hinaus nicht unter Umständen selbst schutzgesetzliche Bestimmungen enthalten könnte. Als solche Bestimmung ist aber keinesfalls der allgemeine Hinweis auf das, was im Gebiet der deutschen Waidgerechtigkeit üblich ist, aufzufassen." Das Gericht konzediert lediglich, daß ein Verstoß gegen die Grundsätze der Waidgerechtigkeit für die Frage des Verschuldens nach § 823 Abs. 1 BGB entscheidend ins Gewicht falle.

Damit entscheidet es anders als Dietze, der den 3. Absatz des Vorspruches zum Reichsjagdgesetz zu der Gruppe von Vorsprüchen rechnet, die geeignet seien, Grundlage eines Anspruchs und damit Rechtssatz zu sein[21].

---

[18] RGZE 146, 262 (266); 147, 313 (315); 147, 94 (101); 151, 82 (85); 153, 65 (68); 156, 141 (142); 158, 100 (111); 160, 338 (345); 162, 198 (201); 167, 203 (206); 169, 98 (99).
[19] RGZE 156, 140 (141 f.).
[20] Vgl. Beispiel 33.
[21] Dietze, S. 87.

III. Die Auffassung des RG zur Bedeutung der Vorsprüche

Wenn auch die Auffassung des RG zur Rechtsqualität der Vorsprüche gegenüber der des Schrifttums als zurückhaltend bezeichnet werden muß, so läßt sich dennoch eine Entwicklung hin zu einer besonderen Bewertung der Vorsprüche andeutungsweise feststellen[22].

So wird der Vorspruch des Gesetzes zur Änderung des Verfahrens in bürgerlichen Rechtsstreitigkeiten vom 27. 10. 1933[23] im 146. Band, S. 266 als „einleitende Sätze des Gesetzes" bezeichnet und nur als Indiz für den Willen des Staates, „einen sicher und schleunig wirkenden Rechtsschutz zu verbürgen" aufgeführt. Im 147. Band, S. 315 konkretisiert sich die Bedeutung der Leitvorschriften: „Nach dem Vorspruch zu dem Gesetz zur Änderung des Verfahrens .... kann keiner Partei nachlässige Prozeßverschleppung gestattet werden." Trotzdem wird die Vorschrift nur zur Erläuterung des neuen § 519 ZPO herangezogen, auf dem die Entscheidung beruht. Im 151. Band, S. 85 sind in diesem Vorspruch „die Anschauungen über einen sicheren und schleunigen Rechtsschutz" zum Ausdruck gelangt; im 160. Band S. 345 geht die „Rechtsauffassung der Gegenwart" insbesondere aus dem Vorspruch hervor und in Band 162, 201 sind die „Grundgedanken des neuen Verfahrensrechts" im Vorspruch niedergelegt. Schließlich wird im 167. Band, S. 206 der Vorspruch als konkrete Norm akzeptiert: „Im Gegenteil bedeutet die frühere Einlegung der Berufung eine wesentliche Beschleunigung des Verfahrens, wie sie das Gesetz fordert (Vorspruch zum Gesetz ...) ."

Trotz dieser verbalen Steigerung von „einleitenden Sätzen" über „Anschauungen und Grundgedanken" hin zur „Rechtspflicht" soll hier nicht geschlossen werden, daß es lediglich eine Zeitfrage gewesen wäre, bis das RG auf die Linie der Literatur eingeschwenkt hätte; für eine solche These steht zu wenig Material zur Verfügung.

Auch bleibt zu berücksichtigen, daß sich das RG bei anderen Leitvorschriften nie allein auf den Vorspruch stützte, sondern immer zugleich konkrete Normen anführte, zwischen ihnen eine Verbindung herstellte und diese als Rechtsgrundlage benutzte[24].

---

[22] In diesem Zusammenhang soll auf die zwar unbedeutende, aber interessante formale Erscheinung hingewiesen werden, daß im Gesetzesregister der Entscheidungssammlungen bis zum 146. Band Vorsprüche nicht besonders berücksichtigt wurden, auch wenn sie im Text erschienen, vgl. Band 146, S. 226. Ab Band 147 stehen sie im Register an der Stelle aufgeführt, wo auch die Paragraphen der einzelnen Gesetze registriert sind.

[23] Vgl. Beispiel 34.

[24] Anderer Ansicht ist Schoepke, S. 62, der aus der Entscheidung RGZE 158, 100 (111) herausliest, der Vorspruch zum 2. Gesetz zur Ergänzung der Rechtsanwaltsordnung vom 13. 12. 1935 (RGBl. I S. 1470) sei nach Auffassung des RG eine unmittelbar geltende Rechtsnorm. Er übersieht jedoch, daß das RG das Verbot für den Rechtsanwalt, Tätigkeiten zu übernehmen, die sich mit seiner Standesehre nicht vertragen, aus dem Vorspruch in Verbindung mit den einzelnen Bestimmungen der Rechtsanwaltsordnung, insbesondere mit § 28 gewinnt.

Abschließend läßt sich daher festhalten, daß das RG den von der Literatur geforderten Schritt nicht nachvollzog, die Vorsprüche als echte Normen anzuerkennen, sondern sie im Bereich der Hilfsmittel zur Auslegung ansiedelte.

IV. Zwischenergebnis (2)

Es stellt sich die Frage, ob und inwieweit die Ergebnisse, die die Literatur bezüglich der Vorsprüche erarbeitet hat, gegenwärtig verwertbar sind.

Zunächst kann festgehalten werden, daß die Vorsprüche der NS-Zeit den Zweckbestimmungen der nachkonstitutionellen Gesetzgebung ähnlich sind, weniger von der formalen Struktur her, da sie nur in der Form von Präambeln auftraten als von der umfassenden Art der Aussage; natürlich besteht keine inhaltliche Identität.

Außerhalb ernsthafter Diskussionen stehen „Rechtserkenntnisse" nach Art der zitierten Äußerung von Carl Schmitt, die in einem missionarischen Eifer mit emotionalem Überschwang, aber ohne logische Ableitung produziert wurden. Jedoch auch bei den Ergebnissen der seriösen Arbeiten bleibt es fragwürdig, ob sie als Lösungsgrundlage übernommen und weiterentwickelt werden können. Der Grund dafür liegt in dem Rechtsverständnis jener Autoren. Es zeichnet sich dadurch aus, daß über das positive Recht (Gesetz) ein allgemeines Recht gestellt wird. Recht ist alles, was dem Volke nützt. Die höchste Gestaltungskraft wird dem „ungeschriebenen Lebensrecht des Volkes" zugeschrieben, d. h. dem Programm und den Grundsätzen des Nationalsozialismus. Damit werden die Unterschiede zwischen Wert und Norm oder Sittlichkeit und Recht verwischt, die Ideologie als Träger aller Wertvorstellungen steht über dem Gesetz. Zwangsläufig ergibt sich bei einem solchen Rechtsbewußtsein das Ergebnis, daß jeder Vorspruch höher zu bewerten ist als die einzelne Gesetzesnorm. Deren Bedeutung tritt zurück, denn jeder ideologische Satz in einem Gesetz zwingt jetzt zu ideologiekonformer Rechtsanwendung, wird zu einem „Politoffizier" oder „Blockwart" der unpolitischen positivistischen Normen. Wegen dieses besonderen Denkansatzes — Ideologie dominiert über das Recht —, der immer zu gleichen Ergebnissen führen muß, ließen sich die Erkenntnisse der NS-Wissenschaft zum Problem der Leitvorschriften nur dann verwerten, wenn im heutigen Rechtsverständnis ein weltanschauliches Übergewicht vor dem gesetzten Recht erkennbar wäre, eine Voraussetzung, die im Widerspruch zu unserem rechtsstaatlichen Verständnis stünde. Mithin können die Auffassungen der nationalsozialistischen Literatur zu den Vorsprüchen auf die nachkonstitutionellen Zweckbestimmungen nicht übertragen werden.

5. Abschnitt

Die Bedeutung der Zweckbestimmungen in der Rechtsprechung

Zweckbestimmungen stehen als nichtanspruchsbegründende Gesetzesbestandteile nur selten im Brennpunkt rechtsfindender Überlegungen; ihr Schwergewicht liegt im Bereich der normativen Interpretation, die notwendig durch Werturteile, wie sie die Zweckbestimmungen zum Ausdruck bringen, geleitet wird. Berücksichtigt man jedoch, wie Kriele herausgestellt hat[1], daß Kodifikationen mehr interpretationsbedürftige Lücken als abschließende Regelungen enthalten, so ist ihre tatsächliche Bedeutung von daher relativ hoch. Nachfolgend soll anhand von verschiedenen Beispielen die Anwendungsbreite der Zweckbestimmungen bei der Rechtsgewinnung aufgezeigt werden.

I. Die Zweckbestimmung als Hilfsmittel der Auslegung

1. Die Norminterpretation

Nach Auffassung der Rechtsprechung ist es das Ziel der Interpretation, den objektiven Willen des Gesetzgebers, wie er sich aus dem Wortlaut der Gesetzesbestimmung und aus dem Sinnzusammenhang ergibt, zu erkennen; er ist für die Auslegung einer Gesetzesvorschrift maßgebend[2]. Diesem Auslegungsziel dienen die grammatische, systematische, historische und teleologische Auslegungsmethode. Obwohl diese Methoden gleichwertig nebeneinander stehen und sich ergänzen sollen, räumt die Praxis, wie Menger beobachtet hat[3], der teleologischen Methode den Vorrang ein. Das hat zur Folge, daß die Zweckbestimmung eines Gesetzes als ihr manifestierter Gesetzeszweck regelmäßig zur Auslegung von Normen verwendet wird. Als Beispiel dafür soll das Urteil des Bundesverwaltungsgerichts dienen, in dem das Gericht zu entscheiden hatte, ob dem Bewohner eines Heimes Wohngeldansprüche zustehen[4]. Bezüglich der Anspruchsberechtigung führt das Gericht aus: „§ 1 Abs. 1 I. WoGG spricht einem ‚Inhaber von Wohnraum' zum Zweck

---

[1] Kriele, Theorie der Rechtsgewinnung, S. 244 und öfter.
[2] BVerfGE 1, 299 (312); 11, 126 (130).
[3] Menger, VArch 1967, S. 80 mit Nachweisen.
[4] BVerwGE 41, 115 (118); vereinfachter Sachverhalt.

der Vermeidung sozialer Härten unter den im einzelnen gesetzlich geregelten Voraussetzungen einen Zuschuß zu den ‚Aufwendungen für den Wohnraum' zu; der als Wohngeld bezeichnete Zuschuß wird gemäß § 1 Abs. 2 I. WoGG als Mietzuschuß ... gewährt... Antragsberechtigt — und damit anspruchsberechtigt — für einen Mietzuschuß ist nach § 6 Abs. 1 Satz 1 I. WoGG ‚der Mieter und bei einem dem Mietverhältnis ähnlichen Nutzungsverhältnis der Nutzungsberechtigte'; ... § 6 Abs. 1 Satz 1 Halbsatz 2 I. WoGG rechnet beispielsweise zu den mietähnlichen Nutzungsverhältnissen genossenschaftliche Nutzungsverhältnisse und mietähnliche Dauerwohnrechte; damit wird zum Ausdruck gebracht, daß zwar nicht notwendig ein Mietvertrag im Sinne von § 535 BGB geschlossen sein muß, daß aber die entgeltliche Überlassung von Räumen — oder zumindest von Raumteilen — gefordert wird, die zum Bewohnen bestimmt und geeignet sind und selbständig genutzt werden. Diese Forderung ergibt sich schon aus § 1 Abs. 1 I. WoGG: Nur wer berechtigt ist, Wohnraum zu besitzen und unter Ausschluß von Nichtberechtigten selbständig zu bewohnen, kann als Inhaber von Wohnraum bezeichnet werden; nur wer — möglicherweise als Bestandteil eines auch für andere Leistungen gezahlten Gesamtentgelts — auch für diese abgesonderte Nutzung ein Entgelt entrichtet, erbringt ‚Aufwendungen für den Wohnraum', für die ihm ein Zuschuß gewährt werden kann." Dieses Beispiel zeigt deutlich, wie eine Norm — hier § 6 I. WoGG — durch die Zweckbestimmung des Gesetzes interpretiert wird[5].

2. Die Lückenausfüllung

Als „schöpferische Rechtsfindung" bezeichnet das Bundesverfassungsgericht die Aufgabe des Richters, Gesetzeslücken zu schließen[6], indem er Wertvorstellungen, die in den Texten der geschriebenen Gesetze nicht oder nur unvollkommen zum Ausdruck gelangt sind, in einem Akt bewertenden Erkennens ans Licht bringt und in den Entscheidungen realisiert[7]. Zur Ermittlung der teleologischen Wertgrundlagen dienen auch die Zweckbestimmungen.

Das Bundesverwaltungsgericht hatte über die Frage zu entscheiden, ob Wohngeldansprüche vererblich sind[8]. Zu diesem Problem schweigen die Wohngeldgesetze. Das Gericht argumentiert: „Daraus, daß im Gesetz die Unvererblichkeit der Wohngeldansprüche nicht ausdrücklich geregelt worden ist, ist andererseits nicht zu entnehmen, daß der Ge-

---

[5] Weitere Beispiele: BVerwGE 2, 147; 8, 85; 35, 26; 35, 178. BVerfGE 22, 180 (200); 26, 215 (223).

[6] Zum Begriff der Lücke vgl. Canaris, Die Feststellung von Lücken im Gesetz.

[7] BVerfGE 34, 269 (287).

[8] BVerwGE 30, 123 ff.

I. Die Zweckbestimmung als Hilfsmittel der Auslegung

setzgeber diese Ansprüche als der Erbfolge unterliegend angesehen hat. Fehlen ausdrückliche Vorschriften, welche die Erbfolge in öffentlich-rechtliche Ansprüche vorsehen oder ausschließen, so muß auf den Sinn der gesetzlichen Regelung und auf den Zweck zurückgegriffen werden, der bestimmend war für die Gewährung solcher Ansprüche... Wohngeldansprüche werden nicht ausdrücklich als unvererblich bezeichnet. Sie könnten als höchstpersönlich und aus diesem Grunde als unvererblich angesehen werden, wenn die aus dem Wohngeldgesetz zu entnehmende Zweckbestimmung erkennen ließe, daß das Wohngeld nur dem unmittelbar Berechtigten gewährt wird, im Falle seines Todes — oder bei anderweitiger Zweckerledigung — aber ersatzlos wegfallen soll. Eine dahin gehende Zweckbestimmung ist dem Wohngeldgesetz aber nicht zu entnehmen. Die Zweckbestimmung des Wohngeldgesetzes wird in § 1 Abs. 1 WoGG festgelegt...". Mit Hilfe der Zweckbestimmung kommt das Gericht zu dem Ergebnis, daß Wohngeld vererbt werden kann und schließt damit eine Lücke in der gesetzlichen Regelung.

3. Die Bestimmung des Regelungsbereiches eines Gesetzes

Ist der Regelungsbereich eines Gesetzes nicht eindeutig abgegrenzt oder das Aufgabengebiet der relevanten Behörde nicht exakt umrissen, so nimmt die Rechtsprechung mit Hilfe der Zweckbestimmung die erforderliche Abgrenzung vor. So entschied das Bundesverwaltungsgericht die Frage, ob ein Teilnehmer im Flurbereinigungsverfahren von der Flurbereinigungsbehörde verlangen kann, ihm bei entsprechenden Voraussetzungen die Ausübung der Jagd zu ermöglichen, allein anhand der Zweckbestimmung des Flurbereinigungsgesetzes[9]. „Der Antrag des Klägers muß schon deswegen ohne Erfolg bleiben, weil es nicht zu den Aufgaben der Flurbereinigung gehört, die jagdrechtlichen Verhältnisse zwischen dem Kläger und den beigeladenen Jagdgenossenschaften sowie den Jagdpächtern neu zu ordnen. Ziel und Aufgabe der Flurbereinigung ergeben sich aus § 1 FlurbG, der den Begriff der Flurbereinigung festlegt und damit den Umfang und die Grenzen der behördlichen Tätigkeit umschreibt. Ziel der Flurbereinigung ist danach die Förderung der land- und forstwirtschaftlichen Erzeugung und der allgemeinen Landeskultur. Als geeignete Mittel zur Erfüllung dieses Auftrages bezeichnet das Gesetz die wirtschaftliche Verbesserung der im Flurbereinigungsgebiet liegenden Grundstücke, die Zusammenlegung und Neugestaltung ländlichen Grundbesitzes sowie die Durchführung landeskultureller Maßnahmen. Daraus folgt, daß die Gestaltung von Jagdbezirken durch Änderung bestehender Grenzen oder die Neuordnung jagdrechtlicher Pachtverhältnisse nicht zum Aufgabenbereich der Flur-

---

[9] BVerwGE 40, 143 (145).

bereinigung gehört. Es handelt sich hierbei nicht um Maßnahmen, die der land- und forstwirtschaftlichen Erzeugung dienen[10]."

4. Die Bestimmung des Adressatenkreises eines Gesetzes

Auch der Adressatenkreis eines Gesetzes kann im Einzelfall der Zweckbestimmung entnommen werden. Das Bundesverwaltungsgericht mußte entscheiden, ob ein gewerblicher Lagerhalter gemäß dem Landwirtschaftsgesetz subventioniert werden muß[11]. Anhand der Zweckbestimmung zum Landwirtschaftsgesetz bestimmte das Gericht: „Der Klägerin steht ein Subventionsanspruch schon deshalb nicht zu, weil sie nicht zu dem Kreis der Subventionsempfänger gehört... Für die Abgrenzung des Kreises der Subventionsempfänger ergibt sich aus dem Landwirtschaftsgesetz eindeutig, daß nur die ‚Landwirtschaft' gefördert werden soll. Dies wird auch durch die Regelung in § 1 Satz 2 a.a.O. deutlich, in der bestimmt wird, daß ‚gleichzeitig die soziale Lage der in der Landwirtschaft tätigen Menschen an die vergleichbarer Berufsgruppen angeglichen werden soll'."

5. Die Richtigkeitskontrolle

Im Anschluß an den Rechtsgewinnungsprozeß findet bezüglich der Fallentscheidung eine Richtigkeitskontrolle vom Ergebnis her statt[12]. Sie dient als Nachweis, ob eine Lösung gefunden wurde, die den allgemeinen Anforderungen der Rechtsordnung und der Intention des Gesetzes entspricht. Die Rechtsprechung demonstriert ihre diesbezügliche Sicherheit gern durch Hinweise auf die gesetzgeberischen Zwecke.

Das Bundesverwaltungsgericht hatte darüber zu befinden, ob Wohngeld allein mit der Begründung versagt werden könne, der Antragsteller sei in der Lage, höhere Einkünfte zu erzielen[13]. Das Gericht erläutert zunächst die Zweckbestimmung des Wohngeldgesetzes: „Wohngeld wird nach § 1 Abs. 1 I. WoGG gewährt, um einem Inhaber von Wohnraum zur Vermeidung sozialer Härten ein Mindestmaß an Wohnraum wirtschaftlich zu sichern. Die damit gekennzeichnete Zweckbestimmung des Gesetzes wird durch seine Einzelregelungen konkretisiert." Danach leitet es aus dem einschlägigen § 18 II. WoGG einen Anspruch des Antragstellers auf Wohngeld ab. Das Ergebnis wird durch Verweis auf den Gesetzeszweck verifiziert: „Es ist nicht der Zweck des Wohngeldes, auf

---

[10] Weitere Beispiele: BVerwGE 15, 72; 26, 173; 41, 170.
[11] BVerwGE 20, 101 ff.
[12] Larenz, Methodenlehre, S. 323 ff. Esser, Vorverständnis und Methodenwahl in der Rechtsfindung, S. 142 ff.
[13] BVerwGE 41, 220 (221 u. 225).

die selbstverantwortliche Gestaltung des eigenen Lebens und auf die Freiheit der Berufswahl (Art. 2 Abs. 1, Art. 12 Abs. 1 GG) mittelbar einzuwirken[14]."

II. Die Zweckbestimmung als Ermessensbindung

Naturgemäß erlangen Zweckbestimmungen erhebliche Bedeutung im Bereich des Verwaltungsermessens, denn der Gesetzgeber hat in mehreren Vorschriften wie § 114 VwGO, § 54 Abs. 2 SGG, § 102 FGO, § 28 Abs. 3 EGGVG und § 163 BBauG bestimmt, daß die Verwaltungsbehörde von ihrem Ermessen in einer dem Zweck der Ermächtigung entsprechender Weise Gebrauch zu machen hat; andernfalls ist die Maßnahme rechtswidrig. Mit einer Ermessensermächtigung ist also zugleich ein Gebot der normzweckentsprechenden Anwendung verbunden, dessen Verletzung die Ermessensentschließung fehlerhaft macht. Das Bundesverfassungsgericht erläutert die gesetzgeberische Vorstellung folgendermaßen[15]: „Die Tätigkeit der Verwaltungsbehörden ist im Rechtsstaat auch dann niemals ‚völlig frei', wenn die Verwaltungsbehörden auf Grund der gesetzlichen Bestimmungen nach ihrem Ermessen vorzugehen berechtigt sind. Auch dann bleiben sie an die *allgemeinen* Erfordernisse des Rechtsstaats gebunden, vor allem an den Gleichheitsgrundsatz und an den Grundsatz, daß von jeder Ermächtigung nur im Sinn des Gesetzeszwecks Gebrauch gemacht werden darf (BVerfGE 9, 137 [147]). Jedes Ermessen ist pflichtgemäßes Ermessen (BVerfGE 14, 105 [114]) und darf, wenn es die Freiheit des Bürgers beschränkt, nur in strenger Bindung an die Ziele des Gesetzes betätigt werden, in dessen Vollzug die Verwaltung handelt." Sinn dieser Regelung ist es, den Einfluß der Verwaltung auf die Normsetzung und -gestaltung zu beschränken; die durch die Ermessensermächtigung gewährte Wahlfreiheit soll lediglich den gesetzgeberischen Willen ergänzen, nicht aber ihn ersetzen. Würde die Wahlfreiheit zu Zwecken ausgeübt, die durch das Gesetz nicht gedeckt sind, so läge hierin eine Umgestaltung des gesetzgeberischen Willens und damit ein Mißbrauch der eingeräumten Wahlfreiheit[16].

Insbesondere zu § 114 VwGO, dessen 2. Alternative hier einschlägig ist, hat die Literatur ein umfangreiches dogmatisches Gebäude errichtet; so unterteilt sie die gesetzliche Typisierung nach Ermessenswillkür und Ermessensmißbrauch[17] und unterscheidet nach objektiven und sub-

---

[14] Vgl. weiterhin BVerwGE 22, 215.
[15] BVerfG, DÖV 65, S. 198 (199).
[16] Schmidt - Salzer, Die normstrukturelle und dogmatische Bedeutung der Ermessensermächtigungen, VArch 1969, S. 280. Stern, Ermessen, S. 21.
[17] Eyermann - Fröhler, VwGO, § 114 Rd. 22; Redeker / von Oertzen, VwGO, § 42 Rd. 81, 82.

jektiven Fehlern der Ermessensbetätigung[18]. Zudem hat sie einen umfangreichen Katalog typischer Rechtsverstöße im Bereich des Ermessenshandelns entwickelt[19]. Beispielhaft sei der von Stern aufgeführt:

1. Verstöße gegen den Gleichheitsgrundsatz
2. Verstöße gegen die Rechtsstaatlichkeit und verfassungsimmanente Prinzipien
3. Eine mangelhafte Begründung oder die mangelnde Vollständigkeit der Ermessenserwägungen
4. Irrtum über Umfang und Grenzen des Ermessens
5. Fehlerhaftigkeit der Ermessensbetätigung, damit einer ordnungsgemäßen Verwaltung schlechterdings nicht vereinbar.

Erstaunlicherweise fehlt die Kategorie: nicht dem Gesetzeszweck entsprechend! Dieses Phänomen, daß der im Gesetz ausdrücklich genannte Ermessensfehler nicht oder nur am Rande angeführt wird, findet sich auch bei anderen Kommentatoren zu § 114 VwGO[20]. Der Grund kann aber nicht darin liegen, daß sie das Nächstliegende nicht erkennen; ausdrücklich erklärt Stern, für die Ermessensbetätigung seien als materielle Bindungen u. a. die konkret für das einzelne Verwaltungshandeln geltenden Spezialgesetze relevant, „und zwar auch die nur allgemein zum Ausdruck gebrachten gesetzlichen Leitgrundsätze und Zielsetzungen"[21]. Der Grund ist vermutlich darin zu suchen, daß die Rechtsprechung gegenüber § 114 teilweise Unsicherheit zeigt, was sich in der formelhaften Wendung „ein Ermessensfehler ist nicht ersichtlich[22]" oder im bloßen Abdruck des Textes von § 114 VwGO[23] manifestiert. Diese Unsicherheit überträgt sich auf die Kommentierung des die Rechtsprechung begleitenden Schrifttums.

Zum Teil beruht das Unbehagen, mit teleologischen Erwägungen zu argumentieren, auf der Schwierigkeit, die Zweckrichtung einer Norm intersubjektiv zu bestimmen. Dieses Problem tritt deutlich bei Wertungswidersprüchen zutage. Der dafür beispielhaften Entscheidung lag folgender Sachverhalt zugrunde[24]. Der Kläger, in Jugoslawien geboren, ist Staatenloser deutscher Volkszugehörigkeit. 1946 floh er mit seinen Angehörigen aus Jugoslawien und lebte bis 1955 in Österreich. Dann wanderte er in die USA aus. Von dort beantragte er seine Einbürge-

---

[18] Stern, Ermessen, S. 30 ff.
[19] Stern, Ermessen, S. 33 ff. Schunck - De Clerck, VwGO, § 42 S. 216 f.; Klinger, VwGO, § 42 Nr. 2.
[20] Eyermann - Fröhler, Redeker / von Oertzen, Schunck - De Clerck, ebenda.
[21] Stern, Ermessen, S. 25.
[22] BVerwGE 6, 317.
[23] BVerwGE 43, 179.
[24] BVerwGE 20, 155.

II. Die Zweckbestimmung als Ermessensbindung

rung; sie wurde von der zuständigen Behörde mit der Begründung abgelehnt, daß der Staat ein positives Interesse an der Einbürgerung eines solchen Bewerbers nicht habe. Rechtsgrundlage für die Entscheidung war § 9 Abs. 1 des Ersten Gesetzes zur Regelung von Fragen der Staatsangehörigkeit[25]; hiernach steht die Einbürgerung im Ermessen der Behörde. Das Bundesverwaltungsgericht expliziert anhand der Materialien den im Jahr 1963 artikulierten Gesetzeszweck: „die Beseitigung der Verwirrung und des unendlichen Leids, die über so viele Menschen gekommen sind, die nicht wußten, welchem Staat sie eigentlich zugehörten[26]." An diesem Gesetzeszweck mißt das Bundesverwaltungsgericht die Entscheidung der Behörde und kommt folgerichtig zu dem Ergebnis, die Behörde habe „dem Zweck der ihr erteilten Ermächtigung einen Inhalt gegeben, der dem Sinn des Gesetzes nicht gerecht wird". —

Eine andere teleologische Erwägung hat das Gericht nicht berücksichtigt: Wäre der Staatenlose nicht deutscher Volkszugehörigkeit gewesen, so hätte § 8 des Reichs- und Staatsangehörigkeitsgesetzes[27] Anwendung gefunden. Hiernach muß eine Behörde prüfen, ob der Bewerber um die deutsche Staatsangehörigkeit nach seinen persönlichen Verhältnissen einen wertvollen Bevölkerungszuwachs darstellt und ob seine Einbürgerung nach allgemeinen politischen, wirtschaftlichen und kulturellen Gesichtspunkten erwünscht ist[28]. Von dieser Wertungsgrundlage ist offensichtlich die Behörde ausgegangen, denn für den Kläger, der bis 1955 in Österreich gelebt hatte und dann nach Amerika auswanderte, war die typische Nachkriegssituation, die das Gesetz zur Regelung von Fragen der Staatsangehörigkeit bereinigen wollte, nicht mehr gegeben.

Im Rahmen der vorliegenden Untersuchung braucht nicht entschieden zu werden, welcher Zweck dogmatisch richtig dominieren muß oder ob die verschiedenen Zweckrichtungen eine neue Resultante bilden. Das Beispiel sollte nur die Schwierigkeit aufzeigen, den Gesetzeszweck, der für eine Entscheidung maßgebend ist, intersubjektiv festzulegen.

Die Unzuverlässigkeit teleologischer Argumentation wird auch an folgendem Beispiel offensichtlich. Etwa zur gleichen Zeit mußten das Bundesverwaltungsgericht und das Bundesverfassungsgericht die Verfassungsmäßigkeit des Militärregierungsgesetzes Nr. 53 überprüfen[29]. Dieses Gesetz ist die Rechtsgrundlage für den Interzonenhandel, der

---

[25] Vom 22. 2. 1955, BGBl. I S. 65 ff.
[26] Verhandlungen des Deutschen Bundestages, 2. Wahlperiode 1953, Bd. 18, S. 140 ff.
[27] Vom 22. 7. 1913, RGBl. I S. 583.
[28] BVerwGE 4, 298; 6, 186.
[29] Urteil des BVerwG vom 29. 5. 1964, BVerwGE 18, 336; Beschluß des BVerfG vom 16. 2. 1965, DÖV 1965, S. 198.

einem generellen Verbot mit Erlaubnisvorbehalt unterliegt. Die Erteilung der Erlaubnis steht im Ermessen des Bundesministers für Wirtschaft und der von ihm ermächtigten Behörde. Das Bundesverfassungsgericht bejaht die Verfassungsmäßigkeit des Gesetzes, weil die Ermessensschranken erkennbar seien. „Abgesehen von erwähnten allgemeinen rechtsstaatlichen Bindungen des Verwaltungsermessens läßt sich gerade hier dem politischen Sinne der gesamten Einrichtung des Interzonenwirtschaftsverkehrs eine allgemeine Tendenz zu fortschreitender Liberalisierung entnehmen, die als feste Richtschnur für die Handhabung des Ermessens zu gelten hat. Sie wird sichtbar einmal in den bereits erlassenen Allgemeinen Ausnahmegenehmigungen und weiter vor allem in dem von der Bundesregierung mit Recht hieraus abgeleiteten allgemeinen Grundsatz, daß die zuständigen Behörden immer dann verpflichtet sind, Ausnahmegenehmigungen zu erteilen, wenn dem der Schutzzweck des Verbots nicht offensichtlich entgegensteht[30]".

Das Bundesverwaltungsgericht schließt nach seiner Erkenntnis eine Liberalisierung im Interzonenverkehr aus und leugnet damit inzident die vom Bundesverfassungsgericht herausgearbeitete Ermessensschranke, das entscheidende Argument für die Verfassungsmäßigkeit des Gesetzes. Trotzdem kommt das Bundesverwaltungsgericht zu dem gleichen Ergebnis wie das Bundesverfassungsgericht, nämlich mit der lapidaren Argumentation, es könne aus Rechtsgründen nicht beanstandet werden, daß sich der Interzonenhandel auf diese Weise vollzieht[31].

An diesen beiden Beispielen wurde deutlich, welche Schwierigkeiten mit einer teleologisch wertenden Argumentation verbunden sein kön-

---

[30] BVerfG, DÖV 1965, S. 199.
[31] Diesen logischen Widerspruch vermag nur Krieles Theorie der Rechtsgewinnung zu lösen. Kriele unterscheidet zwischen „eigentlich bestimmenden Urteilsgründen" und der „sekundären Legitimierung der Entscheidung", bei der das Gesetz so ausgelegt oder ergänzt wird, daß „damit die Entscheidung als aus dem positiven Recht herleitbar gerechtfertigt werden kann" (S. 312). Als solche sekundäre Legitimierung, die im Extremfall nicht unbedingt logisch zu sein braucht, muß die vorher aufgezeigte Argumentation sowohl des BVerfG als auch des BVerwG angesehen werden. Mißt man das Beispiel weiter an Krieles Theorie, so stellt sich die Frage, welches Präjudiz bzw. welche vernunftrechtliche Rechtfertigung das Urteil eigentlich bestimmten. Hierzu äußert sich das BVerfG. Unter Hinweis auf das Präjudiz BVerfGE 12, 181, wo bereits ähnliche Überlegungen artikuliert wurden, erklärt es: „Es hieße das Rechtsstaatsprinzip überspannen, wollte man daraus ableiten, der Gesetzgeber müsse dieses System durch ein formal dem Freiheitsschutz des Einzelnen noch besser entsprechendes System auch dann ersetzen, wenn damit — neben den technischen Schwierigkeiten der Umstellung — politische Unzuträglichkeiten entstünden und überdies nicht einmal sicher wäre, daß sich die neue Regelung im praktischen Ergebnis durch einen wesentlich höheren rechtsstaatlichen Gehalt von der jetzigen unterscheide." Damit liegt die Lösung offen. Die Verfassungsmäßigkeit des Gesetzes stand aus rechtspolitischen Gründen von vornherein fest, die Urteilbegründung stellte das positivrechtliche Alibi dafür dar.

nen und es ist von daher verständlich, wenn im Zusammenhang mit § 114 VwGO die Gerichte ihre Entscheidung lieber auf positivrechtliche Grundsätze wie Art. 3 GG stützen als auf teleologische Erwägungen. Abhilfe schafft hier die Zweckbestimmung. Als gesetzlich fixierte ratio kann sie übernommen werden und enthebt damit den Richter von der Aufgabe, selbst den Zweck des Gesetzes ergründen zu müssen. Ein solcher Fall, wo eine Zweckbestimmung die Grenze der Ermessensfreiheit darstellt, findet sich in BVerwGE 10, S. 176 ff. Ein Kläger begehrt Wiedergutmachung durch Wiederanstellung im Auswärtigen Dienst mit der Begründung, seine Beförderung sei aus Verfolgungsgründen unterblieben. Rechtsgrundlage für sein Begehren ist § 8 Abs. 1 S. 2 des Gesetzes zur Regelung der Wiedergutmachung nationalsozialistischen Unrechts für Angehörige des öffentlichen Dienstes. Die Entscheidung darüber, ob unter den Voraussetzungen des § 8 Wiedergutmachung zu gewähren ist, steht im Ermessen der Wiedergutmachungsbehörde. Hierzu führt das Bundesverwaltungsgericht aus, daß dieses Ermessen durch die allgemeinen Zwecke des Wiedergutmachungsrechts gebunden sei und verweist dabei auf § 1 Bundesentschädigungsgesetz, der eine Zweckbestimmung darstellt[32]. Das Gericht grenzt mithin die Ermessensfreiheit mit Hilfe einer Zweckbestimmung ein.

III. Zwischenergebnis (3)

Zusammenfassend läßt sich anhand der vorstehenden Beispiele feststellen, daß die Rechtsprechung die Zweckbestimmungen nicht ignoriert. Offensichtlich geht sie davon aus, daß der Gesetzgeber hier seine Wertentscheidungen manifestiert und damit klar zum Ausdruck gebracht hat, auf welche Weise, nach welchen Kriterien Gerechtigkeit angestrebt werden soll. Diese seine Entscheidung schneidet eine erneute Abwägung der in Frage stehenden Interessen für den Richter definitiv ab. Deshalb werden Zweckbestimmungen überall dort verwendet, wo teleologische Erwägungen erforderlich sind, bei der Norminterpretation, der Lückenausfüllung, der Bestimmung des Regelungsbereiches und Adressatenkreises eines Gesetzes, bei der Richtigkeitskontrolle und bei der Begrenzung der Ermessensausübung.

Die Verwendung von Zweckbestimmungen entlastet den Richter nicht nur von der Suche nach der gesetzlichen ratio, sie erleichtert auch die teleologische Argumentation und deren Artikulation. Ein schönes Beispiel dafür findet sich in BVerfGE 27, S. 226: „Die Sozialhilfe und das Wohngeld unterscheiden sich sowohl nach ihrer regelmäßigen Zweckrichtung als auch ihrer Ausgestaltung. Zweck der Sozialhilfe ist es nach § 1 Abs. 2 BSHG, dem Empfänger die Führung eines menschenwürdigen

---

[32] Vgl. Beispiel 15.

Lebens zu ermöglichen. Zweck der Wohngeldgewährung hingegen ist es nach § 1 Abs. 1 Wohngeldgesetz, dem Inhaber von Wohnraum zur Vermeidung sozialer Härten ein Mindestmaß an Wohnraum wirtschaftlich zu sichern".

Ein weiterer Vorteil bei der Verwendung von Zweckbestimmungen liegt darin, daß der Rechtserkenntnisvorgang verobjektiviert wird im Sinne einer besseren Berechenbarkeit der Rechtsentscheidung. Ein vorgegebener Gesetzeszweck verhindert, daß Gerichte zu unterschiedlichen rationes gelangen, was unterschiedliche Rechtsergebnisse zur Folge haben kann.

Schließlich räumt die Existenz einer Zweckbestimmung der Rechtsprechung eher die Möglichkeit ein, der Forderung der Methodenlehre nachzukommen und die teleologischen, wertenden Elemente des juristischen Denkens ins Bewußtsein zu heben, zu artikulieren und zu rechtfertigen[33].

---

[33] Kriele, Theorie der Rechtsgewinnung, S. 99; Esser, Vorverständnis und Methodenwahl, S. 166.

6. Abschnitt

Die Entwicklung eines neuen methodischen Ansatzes

I. Die Systematisierung der Zweckbestimmungen als Grundlage ihrer Analyse

Es wurde bereits dargelegt, daß in der vorliegenden Untersuchung nicht die einzelne Zweckbestimmung für sich analysiert werden soll[1], sondern daß aus der Vielzahl der Zweckbestimmungen deren gemeinsame Strukturen und Funktionen herausgearbeitet werden. Der methodische Ansatz für eine solche Vorgehensweise findet sich erstmals in Dietzes Untersuchung der nationalsozialistischen Vorsprüche. Er beurteilt die Einleitungen nicht mehr pauschal, sondern differenziert, indem er sie in drei Gruppen zusammenfaßt. Damit berücksichtigt er als erster, daß zweckbestimmende Vorschriften unterschiedlich strukturiert sind und als Folge davon unterschiedliche Funktionen wahrnehmen können. Zugleich hält sich Dietze mit dieser Methode die Möglichkeit offen, generelle Aussagen über Zweckbestimmungen zu machen, indem er die typischen Merkmale der Gruppe und nicht einzelne Vorschriften für sich analysiert. Dieser Weg, Zweckbestimmungen in Gruppen zu ordnen und diese Gruppen zu analysieren, erscheint gangbar und erfolgversprechend; trotzdem kann Dietzes Einteilung der Vorsprüche in solche, die den wesentlichen Inhalt des gesamten Gesetzes angeben, in andere, die den bestimmten Zweck des Gesetzes umreißen und in die, die den besonderen Anlaß der gesetzlichen Maßnahme berichten, nicht übernommen werden. Denn zum einen sind die Zweckbestimmungen in ihrer Ausgestaltung noch vielseitiger geworden und und können nicht mit drei Kategorien erfaßt werden. Zudem sind Dietzes Auswahlkriterien zu vage; so erfüllen viele Einleitungen alle oder mehrere der als

---

[1] Wählte man diesen methodischen Ansatz, so müßten insbesondere Friedrich Müllers wissenschaftstheoretische Aspekte berücksichtigt werden, die er in „Normstruktur und Normativität. Zum Verhältnis von Recht und Wirklichkeit in der juristischen Hermeneutik, entwickelt an Fragen der Verfassungsinterpretation." aufgezeigt hat. Ausgangspunkt seiner hermeneutischen Normauffassung ist die Absage an die positivistische Vorstellung, die Norm sei als etwas „Ruhendes" zu verstehen, das auf die Wirklichkeit angewendet werde. Er versteht unter Rechtsnorm die konkrete Normativität, die sich aus dem Normbereich, das sind die relevanten Strukturen der sozialen Wirklichkeit und aus dem Normprogramm, einer Mehrheit normativer Leitgedanken ergibt.

unterscheidend herausgestellten Merkmale zugleich[2]. Seine Standardisierung der Vorsprüche muß deshalb als zu ungenau und nicht praktikabel abgelehnt werden.

Deshalb ist es notwendig, die Zweckbestimmungen der nachkonstitutionellen Gesetze in neuen Gruppen zusammenzufassen. Für diese Gruppenbildung kommen verschiedene Ordnungssysteme in Betracht:

II. Mögliche Ordnungssysteme und ihre Merkmale

1. Ein wesentlicher Ordnungsgesichtspunkt ist die Aussage der Einleitung, hier verstanden als inhaltliche Affinität zu den Folgenormen. Manche Vorschriften geben den Inhalt des Gesetzes wieder, ohne eine zusätzliche Information zu liefern. Andere hingegen formulieren Überlegungen, die später nicht mehr auftreten. Wieder andere verbinden eine Inhaltsangabe mit zusätzlichen Gesichtspunkten. Manche Aussagen sind knapp formuliert, andere argumentieren ausführlich.

2. Daneben ist die sprachliche Struktur der Vorschrift bedeutsam. Einleitungen können sich sehr eng auf die nachfolgenden Normen beziehen, sei es durch Finalsätze oder durch Formulierungen wie „nach Maßgabe dieses Gesetzes". Sie können aber auch relativ selbständig für sich stehen, als ein nahezu autonomes Postulat, das nachfolgend konkretisiert wird.

3. Unterschiedliche Merkmale können der sprachlichen Gestaltung entnommen werden. Manche Vorschriften sind prägnant formuliert, andere dagegen verschwommen und ungenau. Der Sprachstil reicht von der pathetischen Äußerung über die populäre Formulierung bis zur fachspezifischen Terminologie.

4. Erheblich ist für die typologische Einordnung die jeweilige Antwort auf die Frage, warum eine Zweckbestimmung formuliert wurde. Der Grund dafür kann formal bedingt sein, wenn eine übergeordnete Formvorschrift das verlangt (z. B. Art. 80 GG); er kann sich auch aus sachlichen Erwägungen ergeben, wenn eine Zweckbestimmung inhaltlich notwendig und deshalb unumgänglich ist; schließlich kann die Existenz der Vorschrift auf einer von Sachzwängen freien gesetzgeberischen Entscheidung beruhen.

5. Bei den vorstehenden Ordnungssystemen wurde der Schwerpunkt der Analyse auf die Zweckbestimmung selbst gelegt. Da aber einleitende Vorschriften nie für sich allein stehen, sondern immer Bestandteil

---

[2] So enthält z. B. § 1 des Investitionshilfegesetzes (Beispiel Nr. 16) sowohl den wesentlichen Inhalt des Gesetzes, der darin besteht, daß die gewerbliche Wirtschaft einen Betrag in Höhe einer Milliarde DM zu erbringen habe, wie auch den Zweck dieser Regelung, den Investitionsbedarf einiger Wirtschaftszweige zu decken.

II. Mögliche Ordnungssysteme und ihre Merkmale

eines geschlossenen Organismus sind, liegt es nahe, ihr Muttergesetz in die Betrachtungen mit einzubeziehen. Diesem methodischen Ansatz kommt eine Erscheinung der modernen Gesetzgebung entgegen, neue gesetzgeberische Lösungen in Einzelgesetzen zu vollziehen[3].

Die Tatsache, daß die Einzelgesetzgebung vorherrscht, was sich in einer ständig steigenden Flut von Gesetzen niederschlägt[4], bewirkt eine große Variationsbreite in der Ausgestaltung einzelner Gesetze. Sie führt aber nicht zu einer absoluten Individualität in der Weise, daß kein Gesetz mit dem anderen verglichen werden könnte. Der überwiegende Teil der Gesetze läßt sich in einigen Gruppen ordnen und als Typen zusammenfassen, die sich durch gemeinsame Strukturen auszeichnen[5]. Der

---

[3] Beginnend mit der Allgemeinen Deutschen Wechselordnung von 1848 und dem Allgemeinen Deutschen Handelsgesetzbuch von 1861 wurden das Gerichtsverfassungsrecht, das Zivilprozeßrecht, das Konkursrecht, das Strafprozeßrecht, das materielle Strafrecht und schließlich das gesamte bürgerliche Recht erschöpfend in umfassenden Gesetzen geregelt. Es entstanden Kodifikationen, systematische Zusammenstellungen von Rechtsnormen für einen Teilbereich des Soziallebens mit dem Zweck, daß sie die künftig allein maßgebliche Regelung für diesen Bereich darstellen. Ihr Verdienst liegt in der Vereinheitlichung und Systematisierung des Rechtsstoffes, der vorher in einzelnen Gesetzen, in der Rechtsprechung und in der Rechtswissenschaft vereinzelt vorhanden war. Tatsächlich gelten diese Kodifikationen trotz Änderungen und einer Vielzahl von Ergänzungen heute noch unverändert weiter. Auch in der Gesetzgebung der Bundesrepublik finden sich Kodifikationen, z. B. das Bundesbaugesetz, das die materielle Raumordnung, die Bodenerschließung und Enteignung einheitlich regelt. Dennoch neigt das Parlament heute eher zu der Form der Einzelgesetzgebung. Rechtsvorschriften werden nur für begrenzte Konfliktsituationen aufgestellt, der Regelungsbereich ist eng und gegenwartsbezogener als es bei den Kodifikationen der Fall war. Zwar wurde und wird der Kodifikationsgedanke immer wieder aufgegriffen — zuletzt im Gesetzesentwurf zu einem Sozialgesetzbuch — doch konnte er sich bisher nicht durchsetzen und wird in der Rechtswissenschaft überwiegend abgelehnt. Den Gründen dafür braucht an dieser Stelle nicht nachgegangen zu werden. Vgl. hierzu Wieacker, Aufstieg, Blüte und Krisis der Kodifikationsidee S. 34 ff.; ders. Der Kampf des 19. Jahrhunderts um die Nationalgesetzbücher, S. 409 ff. Weiterhin Hirsch, Das Recht im sozialen Ordnungsgefüge, S. 139 ff.

[4] Nach der Untersuchung von Hasskarl, 16 Jahre Bundesrechtsetzung und ihre Schwerpunkte im Spiegel der Zahlen, DÖV 68, S. 558 ff. wurden in der Bundesrepublik von 1949 bis 1965 1298 Gesetze und 4228 Rechtsverordnungen erlassen. Die Ursachen dafür werden zum einen in dem Selbstverständnis des Staates als Sozialstaat gesehen. Zahlreiche Lebensbereiche, die früher dem freien Spiel der Kräfte überlassen wurden, wie z. B. das Arbeits- und Wohnungsrecht müssen zugunsten der wirtschaftlich Schwächeren geregelt werden. Zum anderen bedürfen die komplizierten Mechanismen der modernen Industriegesellschaft differenzierterer Regelungen, ebenso die technologische Entwicklung. Ein weiterer Grund schließlich liegt im Prinzip der Gesetzmäßigkeit der Verwaltung, wonach für alle Eingriffe in Eigentum und Freiheit des Staatsbürgers ein Gesetz erforderlich ist. Vgl. hierzu Scheuner, Die Aufgabe der Gesetzgebung in unserer Zeit, DÖV 60, S. 601 ff. und Noll, Gesetzgebungslehre, S. 164 ff.

[5] Der Grund dafür mag nicht zuletzt darin liegen, daß es wenige wissenschaftliche Anleitungen zur Anfertigung von Gesetzen gibt und daß deshalb für neue Gesetzgebungsvorhaben bereits existierende Gesetze als Vorbilder

Rechtswissenschaft ist die Existenz unterschiedlicher Gesetzestypen bewußt; neben Maßnahme-, Organisations- und Einzelfallgesetzen kennt sie z. B. Ermächtigungs- und Planungsgesetze[6].

Deshalb soll die Zugehörigkeit einer Zweckbestimmung zu einem bestimmten Gesetzestypus als ein weiteres Merkmal (Kontextmerkmal) verstanden werden.

III. Die Bestimmung des dominanten Ordnungsprinzips

Um eine optimale Übersichtlichkeit zu gewährleisten, empfiehlt es sich, die Zweckbestimmungen nur nach einem der fünf soeben dargelegten Ordnungssysteme einzuteilen und die übrigen unterschiedlichen Merkmale zwar nicht zu vernachlässigen, aber nachrangig zu behandeln.

Als dominantes Ordnungsprinzip wird hier das unter Ziffer 5 beschriebene gewählt, nach dem die Zweckbestimmmungen gemäß ihrer Zugehörigkeit zu einem bestimmten Gesetzestypus differenziert werden, z. B. Zweckbestimmungen bei Maßnahmegesetzen, Zweckbestimmungen bei Organisationsgesetzen usw. Diese Systematik verspricht am ehesten Aufschluß über die Bedeutung der Zweckbestimmungen, weil sie hier sowohl für sich als auch im Kontext analysiert werden. Außerdem können von der besonderen Interdependenz her, die zwischen Einleitung und eingeleitetem Teil besteht, zusätzliche Hinweise auf die Wirkung des einen für den anderen gewonnen werden. Bei dieser Systematik wird auf die bekannten Gesetzestypen zurückgegriffen; soweit es jedoch notwendig ist, werden neue entwickelt.

Als entscheidendes Hilfsmittel zur Analyse der Zweckbestimmungen und deren Interdependenz zum Kontext sollen die Erkenntnisse der rechtssoziologischen Systemtheorie zur Gesetzesstruktur verwendet werden[7]. Dieser systemtheoretische Ansatz gestattet Schlußfolgerungen auf die Funktionen der Zweckbestimmungen im Gesetzessystem für den Entscheidungsprozeß.

Die Systemtheorie versteht das Gesetz als Entscheidungsprogramm. Luhmann hat den Programmbegriff teils aus den beiden Bestandteilen

---

dienen. Dahingehend auch Fabry, MinRat beim Bundesjustizministerium in einem Vortrag zum Thema „Aus der Praxis der Gesetzgebung" vom 5. 6. 1973 an der Universität Köln, in dem er erklärte: „Das einzige Buch über Gesetzestechnik ist das Bundesgesetzblatt."

[6] Zwar wurde bisher keine allgemeine Gesetzestypologie erarbeitet, die Forderung nach einer solchen besteht jedoch. Vgl. Hoppe, Der Fortbestand wirtschaftslenkender Maßnahmegesetze bei Änderung wirtschaftlicher Verhältnisse, DÖV 65, S. 546.

Einen Ansatz läßt Eichler, Gesetz und System, S. 42 ff. erkennen, indem er Maßnahmegesetze, Rahmengesetze und Ermächtigungsgesetze als Individualgesetze nebeneinander stellt.

[7] Rottleutner, Rechtswissenschaft als Sozialwissenschaft, S. 122 f.

III. Die Bestimmung des dominanten Ordnungsprinzips

des Kausalschemas (Ursache und Wirkung), teils aus dem „Input-Output-Modell" (Eingang und Ausstoß des Handlungssystems) entwickelt[8].

Die Gesetze werden nach Konditionalprogrammen und Zweckprogrammen differenziert. Die Grundform des Konditionalprogrammes lautet: „Wenn bestimmte Bedingungen erfüllt sind (wenn ein im voraus definierter Tatbestand vorliegt), ist eine bestimmte Entscheidung zu treffen. In dieser besonderen Formung ist das Recht nicht mehr einfach berechtigte Verhaltenserwartung und auch nicht mehr ethische Vorgabe eines guten Zieles, durch dessen Aktualisierung das Handeln sein Wesen und der Handelnde seine Tugend verwirklicht. Es bringt vielmehr Tatbestand und Rechtsfolge in einen erwarteten Wenn/Dann-Zusammenhang, dessen Vollzug Prüfung und Selektion, also eine Entscheidungstätigkeit voraussetzt[9].

Das Zweckprogramm hingegen stellt die Umkehrung des Konditionalprogrammes dar. Während man bei jenem auf spezielle Ursachen abstellt, werden im Zweckprogramm Wirkungen (Zwecke) als bestimmte einzelne Folgen des Handelns fixiert, die als Leitfaden für die Ermittlung geeigneter Mittel dienen. Den Rahmen des Entscheidungsbereiches setzen einengende Nebenbedingungen, sie fassen den Entscheidungsprozeß in Grenzen[10].

Obwohl beide Programme Entscheidungsinstrumente darstellen, sind ihre Funktionen unterschiedlich. (Dies wird später ausführlich darzulegen sein). Um aber erkennen zu können, ob ein Gesetz konditional oder zweckprogrammiert ist, ist erforderlich, das Gesetz in seiner Gesamtheit zu untersuchen; die Existenz einer Zweckbestimmung allein gestattet noch nicht die Schlußfolgerung, es liege ein Zweckprogramm vor.

---

[8] Luhmann, Zweckbegriff, S. 178.
[9] Luhmann, Rechtssoziologie II, S. 227.
[10] Luhmann, Zweckbegriff, S. 177 ff.

7. Abschnitt

Zweckbestimmungen in Ermächtigungsgesetzen

I. Erläuterung des Gesetzestypus „Ermächtigungsgesetz" und Beschreibung der darin auftretenden Zweckbestimmungen

1. Analytische Merkmale

Art. 80 Abs. 1 S. 1 GG enthält die Regelung, daß das Parlament die Bundesregierung, einen Bundesminister oder eine Landesregierung durch Gesetz ermächtigen kann, Rechtsverordnungen aufzustellen. Derartige Gesetze nennt die Rechtswissenschaft „Ermächtigungsgesetze"[1]. Die Ermächtigungen werden entweder in einem Gesetz für sich, das nur die Autorisierung des Adressaten zum Inhalt hat, ausgesprochen oder, was weitaus häufiger ist, sie stehen als einzelne Normen in anderen Gesetzen[2]. Heute ist in nahezu jedem größeren Gesetz wenigstens eine Vollmacht an die Exekutive zum Erlaß von Rechtsverordnungen enthalten[3].

Gemäß Art. 80 Abs. 1 S. 2 GG sind in diesen Gesetzen Inhalt, Zweck und Ausmaß der zu erteilenden Ermächtigungen zu bestimmen. Das Gesetz soll zum Ausdruck bringen, welche bestimmte Frage geregelt wird (Inhalt), innerhalb welcher Grenzen sich diese Regelung bewegt (Ausmaß) und welchem Ziel sie dient (Zweck)[4]. Damit stehen die Zweckbestimmungen der Ermächtigungsgesetze aufgrund eines Verfassungsbefehls (Art. 80 Abs. 1 S. 2) im Text, ihre Existenz beruht nicht auf einer freien Disposition des Gesetzgebers.

Die inhaltliche Variationsbreite der Zweckbestimmungen ist groß; sie reicht von der ganz unbestimmten und knappen Aussage wie „Zum Zwecke der Verteidigung..."[5] bis zur detaillierten Anweisung wie z. B.

---

[1] So bereits Jakobi, Handbuch des Deutschen Staatsrechts II, S. 242 (1932); Creifelds, Rechtswörterbuch Stichwort „Ermächtigungsgesetz".

[2] Im folgenden wird dieser formale, rechtlich aber irrelevante Unterschied vernachlässigt.

[3] Lange, Die neuere Rechtsprechung des Bundesverfassungsgerichts zu Rechtsverordnungsermächtigungen, JZ 68, S. 417 ff.

[4] B. Wolff, Die Ermächtigung zum Erlaß von Rechtsverordnungen nach dem Grundgesetz, AöR 78, S. 194 ff. und BVerfGE 2, 334.

[5] So in allen Sicherstellungsgesetzen.

I. Erläuterung des Gesetzestypus „Ermächtigungsgesetz"

im Forstschäden-Ausgleichsgesetz[6]: „Der Bundesminister... wird ermächtigt ... wenn und soweit dies erforderlich ist, um erhebliche und überregionale Störungen des Rohholzmarktes durch außerordentliche Holznutzungen zu vermeiden, die infolge eines besonderen Naturereignisses, insbesondere Windwurf und Windbruch, Schnee- und Eisbruch, Pilzbefall und Insektenfraß (Kalamitätsnutzungen) erforderlich werden..."

2. Das Ermächtigungsgesetz als Zweckprogramm

Legt man Luhmanns systemtheoretischen Standpunkt zugrunde, Gesetze als Entscheidungsprogramme zu verstehen, die entweder konditional oder final strukturiert sind, so könnten die Ermächtigungsgesetze zu den Zweckprogrammen gerechnet werden. „Zweckprogramme fixieren in ihrer einfachsten Form einen Zweck, das heißt eine zu bewirkende Wirkung, die als Leitfaden für die Ermittlung geeigneter Mittel und für die Rechtfertigung der gewählten Mittel den Entscheidungsprozeß zwar nicht determiniert, aber doch in Grenzen faßt[7]." Nach dieser Definition gehören die Zweckbestimmungen der Ermächtigungsgesetze zu den Zweckprogrammen, denn sie postulieren einen Zweck, der Richtschnur für die von der Exekutive aufzustellende konkrete Regelung ist. Diese Aussage soll an einem Beispiel veranschaulicht werden.

Gewählt wird das Gesetz über gesetzliche Handelsklassen für Rohholz[8]. Sein § 1 Abs. 1 beginnt: „Zur Förderung der Erzeugung, der Qualität und des Absatzes von Rohholz sowie der Förderung der Marktübersicht bei Rohholz..." Diese Aussage am Anfang des Gesetzes enthält die Wunschvorstellung, daß besseres Rohholz produziert und mehr davon abgesetzt werde; damit wird ein Ziel vorgegeben, das erreicht werden soll, der Zweck der nachfolgenden Regelung ist bestimmt. Sonstige Konsequenzen, die sich gemäß der Komplexität unseres Sozialgefüges aus dieser einen Maßnahme ergeben werden, werden zwar nicht ausgeschlossen, aber hier unberücksichtigt gelassen.

Um den Zweck, der in Wirklichkeit aus mehreren Zwecken besteht (die Förderung der Erzeugung, der Qualität und des Absatzes sowie die Förderung der Marktübersicht) zu erreichen, stehen eine theoretisch unbegrenzte Anzahl von Möglichkeiten zur Verfügung. Tatsächlich aber reduziert der folgende Halbsatz die Variationsbreite erheblich: „Zur Förderung ... kann der Bundesminister für Ernährung, Landwirtschaft und Forsten (Bundesminister) im Einvernehmen mit dem Bundesminister für Wirtschaft durch Rechtsverordnung mit Zustimmung des Bundes-

---
[6] Vom 29. 8. 1969, BGBl. I S. 1533.
[7] Luhmann, Zweckbegriff, S. 195.
[8] Vom 25. 2. 1969, BGBl. I S. 149.

rates gesetzliche Handelsklassen für Rohholz einführen, deren Verwendung freigestellt ist."

Wenn die Einführung der Handelsklassen in Form einer Rechtsverordnung die Reduktion der Möglichkeiten auf eine bedeutete, wäre die Entscheidung, welche Maßnahmen zur Erreichung des Zieles eingesetzt werden soll, durch die Legislative vorweggenommen, der Adressat hätte lediglich auszuführen. Untersucht man jedoch den Begriff der Handelsklasse, so stellt sich heraus, daß er der Ausgestaltung durch konkrete Merkmale bedarf. In Betracht kommen Sortierungen nach Länge, Stärke, Güte und Verwendungszweck. Bei der Sortierung nach Verwendungszwecken sind wiederum Furnierholz, Faserholz, Grubenholz, Schwellenholz usw. zu unterscheiden[9]. Mithin wird durch die Vorgabe „Einführung von Handelsklassen" die Entscheidungsfreiheit nicht aufgehoben, sondern nur „in Grenzen gefaßt". Die Exekutive muß mit Blickrichtung auf den Zweck die Unterscheidungsmerkmale für Handelsklassen bestimmen, die das Ziel, Qualitäts- und Absatzsteigerung fördern. Anschließend kann sie die konkrete Maßnahme, d. i. die endgültige Einteilung in Handelsklassen in Form einer Rechtsverordnung mit dem vorgegebenen Zweck begründen, wenn beide harmonieren. „Denn ein Handeln, das dem Programm entspricht, ist richtig[10]."

Die Bestimmung, daß das Ziel ausschließlich durch den Erlaß einer in Inhalt und Ausmaß begrenzten Rechtsverordnung gefördert werden sollte, schränkte die Wahl der möglichen Mittel ein. Andere an sich geeignete Möglichkeiten wie Subventionen oder Zölle wurden ausgeschlossen. Solche Handlungsbeschränkungen, Luhmann nennt sie Nebenbedingungen (constraints)[11], verknüpft man durch das Programm mit der Zweckbestimmung, so daß nur die Ursachen als Mittel zugelassen werden, die jene Bedingungen erfüllen. Ihre Funktion besteht darin, einen rücksichtslosen Opportunismus reinen Zweckhandelns abzuschwächen[12].

Außer den in das Programm integrierten expliziten Nebenbedingungen unterliegt jedes gesetzliche Entscheidungsprogramm weiteren Schranken. Diese ergeben sich aus den dem GG immanenten und unverrückbaren (Art. 79 Abs. 3 GG) Verfassungsprinzipien: freiheitsverbürgende Grundrechte und demokratische Rechts-, Sozial- und Bundesstaatlichkeit. Hinzu treten umweltmäßige, z. B. technologische Handlungsbeschränkungen.

Trotz dieser Begrenzungen wurde der Entscheidungsvorgang für die Exekutive nicht völlig determiniert, denn ihr bleibt der vorher aufge-

---

[9] Vgl. § 2 Begründung BRat Drucksache 338/68.
[10] Luhmann, Rechtssoziologie I, S. 88.
[11] Luhmann, Zweckbegriff, S. 197.
[12] Luhmann, Zweckbegriff, S. 199.

zeigte Entscheidungsspielraum. Damit kann gemäß der Definition, wonach Zweckprogramme als Leitfaden für die Ermittlung geeigneter Mittel den Entscheidungsprozeß in Grenzen fassen, als nachgewiesen gelten, daß § 1 des Gesetzes über gesetzliche Handelsklassen für Rohholz ein Zweckprogramm ist. Da alle Ermächtigungsgesetze gleich aufgebaut sind — oder sein sollten, die Entscheidung der Exekutive durch Zielvorgabe und Begrenzung vorzubereiten, kann davon ausgegangen werden, daß Ermächtigungsgesetze grundsätzlich als Zweckprogramme strukturiert sind, deren Ergebnis (output) die jeweils konkrete Rechtsverordnung ist.

Eine ähnliche Auffassung vertreten das BVerfG[13] und die Literatur[14], wenn sie die Begriffe „Inhalt, Zweck und Ausmaß" nicht mehr für sich allein auslegen, sondern summarisch als ein vom Gesetzgeber vorgezeichnetes Programm verstehen, das von der Exekutive im einzelnen ausgestaltet werden soll[15].

II. Die Bedeutung der Zweckbestimmungen

1. Die Zweckbestimmung als notwendiger formaler Bestandteil

Ihre nächstliegende und bereits angesprochene Bedeutung ist darin zu sehen, daß durch ihre Existenz eine verfassungsmäßig abgesicherte Auflage an den Gesetzgeber erfüllt wird, denn ohne die Inhalt-, Zweck- und Ausmaßbestimmung oder ohne deren hinreichende Konkretisierung ist ein Ermächtigungsgesetz zum Erlaß von Rechtsverordnungen nichtig[16]. Zwar hat das BVerfG in seiner Rechtsprechung (ab E 8, 274) stets betont, daß Inhalt, Zweck und Ausmaß nicht ausdrücklich dargelegt sein müssen, sondern daß zu deren Ermittlung auch die allgemeinen Auslegungsgrundsätze gelten[17]. Hier genügt es, wenn sich die Zweckbestimmung aus dem ganzen Gesetz ergibt; so können der Sinnzusammenhang der Norm mit anderen Vorschriften sowie das Ziel, das die gesetzliche Regelung verfolgt, und auch die Entstehungsgeschichte herangezogen werden[18].

---

[13] BVerfGE 5, 77; 8, 307.
[14] Maunz - Dürig, Grundgesetz, Art. 80 Rd. 13; B. Wolff, S. 197.
[15] Daß hier der Begriff „Programm" nicht den von Luhmann definierten Inhalt umfaßt, sondern in umgangssprachlicher Weise als Darlegung von Grundsätzen, die zur Erreichung eines gesteckten Zieles angewendet werden sollen, verstanden werden muß, ändert nichts an der qualitativen Gemeinsamkeit. Das BVerfG, das den Begriff mehrfach verwendet, setzt ihn immer in Anführungszeichen. Es will vermutlich damit andeuten, daß zwar ein Programm vorliegt, das aber rechtliche Wirkung entfalten kann, während nach der klassischen Lehre vom unverbindlichen Gesetzesinhalt Programmsätze kein aktuelles Recht enthalten.
[16] BVerfGE 1, 60; 2, 335; 5, 76; 7, 293; 10, 251; 18, 52.
[17] BVerfGE 15, 153 (160); 19, 17 (30); 19, 354 (362); 20, 296 (304).

Soweit aber eine Zweckbestimmung die Erfordernisse des Art. 80 GG erfüllt, besteht ihre erste Funktion darin, ein notwendiges formales Element zur Gültigkeit des Ermächtigungsgesetzes zu sein.

2. Die Zweckbestimmung als Element des Zweckprogramms

Die wesentlichste Aufgabe erfüllt die Zweckbestimmung in Verbindung mit den Nebenbedingungen als Entscheidungsprogramm. Hiermit bindet der Gesetzgeber den Adressaten an einen vorgegebenen Gestaltungsbereich und an seine eigene Intention. Der Ermächtigte muß gemäß der Ermächtigung handeln, er darf keine Ausgestaltungen vornehmen, die letztlich eine Korrektur der Entscheidung des Gesetzgebers bedeuten würde[19]. Überschreitet er seine Befugnisse, so ist die von ihm erlassene Rechtsverordnung nichtig.

In diesem Zusammenhang stellt sich die Frage, ob der Verordnungsgeber von der Ermächtigung Gebrauch machen muß. Aus systemtheoretischer Sicht gibt es dafür keinen Anhaltspunkt, die Existenz eines Entscheidungsprogrammes impliziert nicht die Notwendigkeit seiner Anwendung. Auch Literatur und Rechtsprechung gehen davon aus[20], daß die Exekutive nur dazu verpflichtet sei, nach pflichtgemäßem Ermessen zu prüfen, ob eine Rechtsverordnung zu erlassen sei. Dabei obliege es dem Ermächtigten allein, die notwendigen wirtschaftlichen und politischen Überlegungen anzustellen und hieraus seine Konsequenzen zu ziehen[21].

Etwas anderes kann im Einzelfall gelten, etwa wenn der Gesetzgeber die Verpflichtung eindeutig ausgesprochen hat oder aus anderen rechtlichen Gründen, die aber mit der Zweckbestimmung nicht im Zusammenhang stehen und daher hier außer Betracht bleiben können[22].

3. Die Zweckbestimmung als Orientierungshilfe für den Bürger

Das Zweckprogramm des Ermächtigungsgesetzes ist nicht nur für seinen Adressaten bedeutsam, sondern für jeden Bürger, der auf dem Um-

---

[18] BVerfGE 19, 354 (362); 20, 283 (293); Lange, S. 418; kritisch hierzu Funk, Art. 80 Abs. 1 GG und § 14 Postverwaltungsgesetz, DÖV 67, 241 (242) und Maunz - Dürig, Grundgesetz, Art. 80 Rd. 13.

[19] BVerfGE 13, 255; 16, 338; Leibholz / Rinck, Grundgesetz, Art. 80 Rd. 9; Hamann - Lenz, Grundgesetz, Art. 80 Nr. 5.

[20] Schmidt - Bleibtreu, Anmerkung, DÖV 62, S. 105; BVerwG DÖV 61, 426.

[21] BVerfGE 13, 254; 16, 338; Leibholz / Rinck, Grundgesetz, Art. 80 Rd. 13; Schmidt - Bleibtreu - Klein, Grundgesetz, Art. 80 Rd. 13; Kalkbrenner, Verfassungsauftrag und Verpflichtung des Gesetzgebers, DÖV 63, S. 41 ff. (50).

[22] Vgl. hierzu Maunz - Siegloch, Bundesverfassungsgerichtsgesetz, § 90 Rd. 118.

weg über die Ausführungsverordnung je nach Gesetzeszweck begünstigt oder belastet wird. Zwar hat sich im Programm seine zukünftige Rechtsstellung noch nicht zu Rechten oder Pflichten verdichtet, denn die endgültige Ausgestaltung des vom Parlament gesetzten Rahmens wird von der Exekutive wahrgenommen. Trotzdem muß sich schon aus dem Gesetz selbst und nicht erst aus der Rechtsverordnung voraussehbar entnehmen lassen, wann und mit welchem Ziel in die Freiheitsrechte der Bürger eingegriffen wird und welchen Inhalt die aufgrund des Ermächtigungsgesetzes erlassenen Regelungen haben können[23]. Dabei werden an die inhaltliche Bestimmtheit eines Eingriffsgesetzes, das eine Ermächtigung zum Erlaß von Rechtsverordnungen enthält, besonders strenge Anforderungen gestellt[24].

Das Problem, ob und unter welchen Voraussetzungen der Bürger aufgrund der Ermächtigung gegen die Unterlassung der Setzung einer ihn begünstigenden Rechtsverordnung vorgehen kann, kann nicht generell, sondern nur für den Einzelfall enschieden werden[25].

4. Die Zweckbestimmung als Bestandteil der Rechtsverordnung

Die Zweckdefinition ist auch für die aus der Ermächtigung hervorgegangene Rechtsverordnung wichtig, denn deren Zweckbestimmung ist identisch mit der des Ermächtigungsgesetzes. Das kann sowohl aus der Formulierung der Eingangsformel bei Rechtsverordnungen entnommen werden, ergibt sich aber auch aus dem inneren Zusammenhang zwischen Zweckprogramm und Ausführungsvorschriften. Daher wird jeder, der mit einer Rechtsverordnung arbeitet, zur Auslegung ihrer Normen und zur Kontrolle des eigenen Ergebnisses die Zweckbestimmung der Ermächtigung heranziehen.

Schließlich wird durch die Zweckbestimmung den Gerichten die Nachprüfung erleichtert, ob die ermächtigte Stelle die Grenzen der Ermächtigung eingehalten hat und ob die von ihr erlassene Rechtsverordnung mit dem Gesetz vereinbar ist[26]; hingegen soll sie nicht prüfen, ob die Entscheidung eine optimale Lösung des Programms darstellt.

---

[23] BVerfGE 1, 100; 2, 291; 11, 261; 6, 264; 8, 1 (20); 9, 342.
[24] BVerfGE 7, 282 (302); Geitmann, Bundesverfassungsgericht und „offene" Normen, insbes. S. 143 ff.
[25] Bonner Kommentar, Art. 80 II 1; Maunz - Dürig, Grundgesetz, Art. 80 Rd. 9.
[26] Vgl. Maunz - Dürig, Grundgesetz, Art. 80 Rd. 9; Jülicher, Die Verfassungsbeschwerde gegen Urteile bei gesetzgeberischem Unterlassen.

8. Abschnitt

Zweckbestimmungen in Programmgesetzen

I. Erläuterung des Gesetzestypus „Programmgesetz" und Beschreibung der darin auftretenden Zweckbestimmungen

Es gehört zum Wesen des Sozialstaates, daß er — anders als der liberale Rechtsstaat — Einfluß auf die sozialen und wirtschaftlichen Vorgänge in unserer Gesellschaft nehmen und sie aktiv mitgestalten muß[1]. Dies kann er teilweise durch punktuelle Interventionen bewirken, meistens bedarf es aber einer langfristigen, geplanten Koordinierung von Maßnahmen, um die nötige Effizienz zu erreichen. Solche Planentscheidungen werden heute zunehmend in Gesetzesform festgelegt.

Ein Plan läßt sich im Anschluß an Obermayer[2] und Bräuer[3] definieren als die in die Zukunft gerichtete Koordinierung einer Vielfalt von Einzelmaßnahmen mit dem Ziel, eine vorgestellte Ordnung zu verwirklichen. Ein wesentliches Merkmal des Planes, das hier besonders hervorgehoben werden muß, ist die Tatsache, daß die Einzelmaßnahmen, die die Zielvorstellungen realisieren sollen, feststehen. Plangesetze[4] wie der Haushaltsplan, der Lücke-Plan[5] oder der Ausbauplan für Bundesfernstraßen[6] sind grundsätzlich abschließend gefaßt und lassen keinen zusätzlichen Entscheidungsspielraum.

Daneben findet sich eine Gruppe von Gesetzen, die ebenfalls Planungen zum Gegenstand haben, aber im Gegensatz zu Plänen erst die rechtlichen Grundlagen zur Ausbildung des notwendigen planerischen Instru-

---

[1] Forsthoff, Lehrbuch des Verwaltungsrechts, S. 59 bis 81; Breuer, Selbstbindung des Gesetzgebers durch Programm- und Plangesetze, DVBl. 70, S. 101.

[2] Obermayer, Der Plan als verwaltungsrechtliches Institut, VVDStRL 18, S. 150.

[3] Bräuer, Die hoheitliche raumgestaltende Planung, S. 37.

[4] Zu den verschiedenen Plangesetzen vgl. Kölble, Pläne im Bundesmaßstab oder auf bundesrechtlicher Grundlage, S. 91 ff.

[5] Unter dem Lücke-Plan versteht man im allgemeinen das Bundesgesetz über den Abbau der Wohnungszwangswirtschaft und über ein soziales Mietrecht vom 23. 6. 1960, BGBl. I S. 389 i. d. F. des Gesetzes zur Änderung von Fristen des Gesetzes über den Abbau der Wohnungszwangswirtschaft und über ein soziales Miet- und Wohnrecht vom 29. 7. 1963, BGBl. I S. 524.

[6] Gesetz über den Ausbauplan für die Bundesfernstraßen vom 27. 7. 1954, BGBl. I, S. 1189.

mentariums schaffen und damit im Vorfeld der Planungen einzuordnen sind. Diese Gesetze sollen mit Bräuer „Programmgesetze" genannt werden[7]. Bräuer stellt heraus, man werde „den Unterschied im allgemeinen dahin kennzeichnen können, daß Programme noch nicht das den Plänen eigene Maß an räumlicher Konkretisierung aufweisen und mehr ein Planungsansatz sind[8]". Als weitere Merkmale treten hinzu, daß diese Gesetze Regelungsfunktionen in einem gesellschaftlichen Bereich wahrnehmen, wo evolutionäre Veränderungen möglich sind und daß sie regelmäßig Zweckbestimmungen enthalten, die mit umfangreichem Text eine aus sich heraus verständliche Zielvorstellung formulieren, zu dessen Realisierung das Gesetz beiträgt. Die Notwendigkeit dieser Zweckbestimmungen ergibt sich aus der Natur der Planung, die neben den Maßnahmen insbesondere die Ziele festlegt, die kurz- oder langfristig verwirklicht werden sollen.

II. Programmgesetze im Raumordnungsrecht

Programmgesetze verwendet man im Bereich der Raumgestaltung[9], denn die Entwicklung im Siedlungs-, Wirtschafts- und Verkehrswesen nach dem Krieg in Verbindung mit umfassenden Bevölkerungsverschiebungen und einem ständig wachsenden Raumbedarf erfordern die sinnvolle Koordinierung der Fragen, wo und wie für bestimmte Zwecke Raum in Anspruch genommen werden darf.

1. Das BBauG als Zweckprogramm, zugleich das Problem des Zielkonflikts

Im folgenden soll anhand des Bundesbaugesetzes untersucht werden, welche Funktionen Zweckbestimmungen (hier § 1 BBauG) in Programmgesetzen wahrnehmen.

§ 1 BBauG könnte für sich ein Entscheidungsprogramm in der Form eines Zweckprogrammes darstellen. Eine Vermutung ergibt sich bereits aus der Überschrift „Zweck und Arten der Bauleitplanung", übersetzt in system-theoretische Terminologie kann das „Zwecksetzung und Nebenbedingungen/goal und constraints" bedeuten.

Abs. 1 dieser Norm besagt: „Um die städtebauliche Entwicklung in Stadt und Land zu ordnen, ist die bauliche und sonstige Nutzung der

---

[7] Bräuer, Selbstbindung des Gesetzgebers in Programm- und Plangesetzen, DVBl. 70, S. 101.
[8] Bräuer, Die hoheitliche raumgestaltende Planung, S. 216 f.
[9] Flurbereinigungsgesetz vom 14. 7. 1953, BGBl. I S. 591; Bundesbaugesetz vom 23. 6. 1960, BGBl. I S. 241; Raumordnungsgesetz vom 8. 4. 1965, BGBl. I S. 306; Städtebauförderungsgesetz vom 27. 7. 1971, BGBl. I S. 1125. Alle vier Gesetze sind mit Zweckbestimmung versehen.

Grundstücke nach Maßgabe dieses Gesetzes durch Bauleitpläne vorzubereiten und zu leiten." Damit wird als Zielvorstellung die Ordnung der städtebaulichen Entwicklung in Stadt und Land angegeben. Deren maßgebliche Prinzipien werden in den Absätzen 3 bis 5 aufgezeigt: Die Ziele (Ordnungsvorstellungen)der Raumordnung und Landesplanung sind zu berücksichtigen[10]; die sozialen und kulturellen Bedürfnisse der Bevölkerung, ihre Sicherheit und Gesundheit sind zu beachten, ebenso ihre Wohnbedürfnisse. Weiterhin soll zugleich die Eigentumsbildung im Wohnungswesen gefördert werden. Schließlich sind die Interessen der Kirchen, der Wirtschaft, der Landwirtschaft, der Jugendförderung, des Verkehrs, der Verteidigung sowie die Belange des Landschaftsschutzes in die Planungen mit einzubeziehen.

Damit wird ein Ziel vorgegeben, das sich aus mehreren Einzelzwecken zusammensetzt. Diese Tatsache ist dann unproblematisch, wenn die Bestandteile zu einer zwar an sich komplexen, aber homogenen Zweckformel verschmolzen werden können. Konflikte treten aber auf, wenn die verschiedenen Teilzwecke sich widersprechen und nicht zugleich optimal realisiert werden können, wenn z. B. die Belange der Verteidigung mit denen der Landwirtschaft kollidieren. Deswegen könnte eine in sich widerspruchsvolle Zwecksetzung für ein Entscheidungsprogramm unbrauchbar sein.

Das Problem löst sich auf, wenn die unterschiedlichen Formulierungen im § 1 für die einzelnen Teilziele eine Rangordnung ausbilden und hierdurch Präferenzen schaffen. Der Gesetzgeber wechselt zwischen den Begriffen „Bedürfnissen", „Erfordernissen" und „Belangen" oder zwischen „sich ... richten", „dienen", „fördern", „berücksichtigen" und „beachten". Doch läßt diese Wortwahl kein System erkennen. Das gleiche gilt für den Wechsel zwischen Muß- und Sollvorschriften. Aus der Formulierung, daß die Bauleitpläne den Wohnbedürfnissen der Bevölkerung (lediglich) dienen *sollen*, die Belange des Natur- und Landschaftsschutzes hingegen zu dienen *haben*, kann nicht abgeleitet werden, daß der Landschaftsschutz den Wohnbedürfnissen übergeordnet sei[11]. Eine Rangfolge zwischen den verschiedenen Teilzielen ist mithin nicht ersichtlich.

Es ist jedoch fraglich, ob eine widerspruchsvolle Zwecksetzung tatsächlich unbrauchbar ist. Die Systemtheorie integriert den Zielkonflikt als

---

[10] Z. B. für Nordrhein-Westfalen das Nordrhein-Westfalen-Programm 1975. Dieses Programm stellt den langfristigen Zielvorstellungen des Landes einen jeweils entsprechenden Maßnahmenkatalog bis 1975 sowie die zur Zielerreichung einzusetzenden Landesausgaben gegenüber. Diese Zusammenfassung von Zielen, Maßnahmen und Kosten soll es insbesondere auch den Gemeinden ermöglichen, die Ziele ihrer Entwicklungsplanung an denen der Landesplanung auszurichten. Herausgegeben von der Landesregierung NRW, Düsseldorf 1970.

[11] BVerwG, DVBl. 70, S. 414 f.; DVBl. 74, S. 767 ff.; K. Meyer, Zur gerichtlichen Überprüfung der Bauleitpläne, DVBl. 68, S. 494.

systemimmanenten Bestandteil. Sie untersucht die Art der Verarbeitung und Weitergabe der Widersprüche innerhalb des Systems im einzelnen und gelangt zu dem Ergebnis, daß die verschiedenen Zwecke verschiedene Handlungsfolgen als erstrebenswert auszeichnen, so daß eine wertkomplexe Situation entsteht, die einer elastischen und lockeren Handhabung bedarf[12]. Eine Widersprüchlichkeit in der Zwecksetzung bedeutet hiernach, daß das System nicht konsistent verfährt, sondern einmal diesen und ein andermal einen anderen Zweck bevorzugt, sie steht aber der Annahme eines Zweckprogrammes nicht entgegen. Zum gleichen Ergebnis kommt letztlich auch die Rechtsprechung, wenn sie für § 1 BBauG verlangt, daß die dort aufgeführten Belange in jedem Einzelfall gegeneinander gerecht abzuwägen sind[13].

§ 1 BBauG postuliert nicht nur das Ziel der städtebaulichen Ordnung, er grenzt zugleich die Auswahl der theoretisch geeigneten Mittel ein. Die Gemeinde kann ihre Entscheidungen ausschließlich in der Form von Bauleitplänen, das sind nach der Legaldefinition des Abs. 2 Flächennutzungs- und Bebauungsplan artikulieren. Zusätzlich müssen die Normen des BBauG berücksichtigt werden. Diese beiden Faktoren stellen einengende Nebenbedingungen dar, die den Entscheidungsprozeß begrenzen, jedoch nicht erübrigen. Denn das Produkt des Entscheidungsprozesses (output) ist entweder ein Flächennutzungsplan oder ein Bebauungsplan, der verbindlich regelt, welche Grundstücke (wann und von wem auch immer) einer bestimmten Nutzung zugeführt werden, ein Plan in Form einer Satzung (§ 10 BBauG).

Damit steht als Ergebnis fest, daß das BBauG als Programmgesetz ein Entscheidungsprogramm mit einengenden Nebenbedingungen bildet, nach dem Pläne erarbeitet werden[14]. Bestätigt wird dieses Ergebnis durch § 2 BBauG, der die Planungshoheit und damit die Entscheidungsfreiheit für die Gemeinde feststellt.

2. Das RaumOrdG als Zweckprogramm, zugleich das Problem der Operationalisierung

Ein gleichartig strukturiertes Entscheidungsprogramm könnte im Raumordnungsgesetz (RaumOrdG) ausgebildet sein. Sein § 1 Abs. 1 stellt das Ziel auf, daß das Bundesgebiet in seiner allgemeinen räumlichen Struktur einer Entwicklung zuzuführen ist, die der freien Entfaltung der Persönlichkeit in der Gemeinschaft am besten dient. Dabei sind das

---

[12] Luhmann, Zweckbegriff, S. 158 ff.
[13] Vgl. Anm. 11.
[14] Zum gleichen Ergebnis gelangen Ossenbühl, Gutachten für den 50. DJT, Teil B 184 und Hoppe, Zur Struktur von Normen des Planungsrechts, DVBl. 1974, S. 642 mit weiteren Nachweisen.

Ziel der Wiedervereinigung, die europäische Raumentwicklung und das Zusammenwirken zwischen Einzel- und Gesamträumen zu berücksichtigen (Abs. 2 bis 4). In den Grundsätzen des § 2 Abs. 1 wird erläutert, welche Prinzipien der Raumordnung zugrunde zu legen sind. Diese verschiedenen Grundsätze bilden in ihrer Gesamtheit das Raumordnungskonzept und verdeutlichen die in § 1 Abs. 1 formulierte Zielvorstellung. Mithin kann davon ausgegangen werden, daß — wie beim BBauG — eine wertkomplexe Zwecksetzung gegeben ist. Das unterstreicht § 2 Abs. 2, wenn er verlangt, daß die Normadressaten die Grundsätze gegeneinander und untereinander abzuwägen haben.

Als Produkt des Entscheidungsprozesses (output) kommt hier gem. § 5 RaumOrdG ein konkreter Plan eines Landes in Betracht, z. B. das Nordrhein-Westfalen-Programm 1975 oder der Große Hessenplan[15, 16].

Bedenken gegen die Annahme eines Zweckprogrammes könnten sich wegen der unbestimmten und leerformelhaften Konzeption der Zielvorstellung ergeben. Denn ein Zweckprogramm setzt die Operationalisierbarkeit seiner Zwecke voraus. Als operational bezeichnet man ein bestimmtes Vorgehen, Begriffe durch die Angabe zu erläutern, auf welche Art die Fakten und Phänomene, die sie bezeichnen, verwirklicht werden sollen[17]. So können Zielvorstellungen dann als operationalisiert gelten, wenn sich aus ihnen die angestrebte Zielsituation gegenüber der Ausgangssituation genau bestimmen läßt[18]. Diese Anforderungen erfüllt die Aussage „Schaffung einer Raumstruktur, die der freien Entfaltung der Persönlichkeit in der Gemeinschaft am besten dient" nicht; sie ist zu breit und zu vieldeutig angelegt, um aus sich heraus Konkretisierungen zu gestatten. Als Ziel wird hier keine formale, sondern eine wertbetonte Ordnung vorgestellt, deren Grundlagen sich nach den Wertüberzeugungen des jeweils herrschenden politischen Systems richten[19]. Das gleiche gilt für die meisten Grundsätze des § 2 Abs. 1, soweit sie gesellschaftspolitische Forderungen zum Inhalt haben. Aussagen wie „die räumliche Struktur der Gebiete mit gesunden Lebens- und Arbeitsbedingungen sowie ausgewogenen wirtschaftlichen, sozialen und kulturellen Verhältnissen" lassen sich nur schwerlich operationalisieren. Dagegen sind Grundsätze mit fachlichem Inhalt wie „für den Schutz der Allgemeinheit vor Lärmbelästigungen ist ausreichend Sorge zu tragen" operatio-

---

[15] Herausgegeben vom Hessischen Ministerpräsidenten, Wiesbaden 1970.

[16] Zu den unterschiedlichen Auffassungen bezüglich der Rechtsnatur dieser Programme und Pläne vgl. Wegener, Die Ziele in der Raumordnung und Landesplanung, S. 58 ff.

[17] König, Handbuch der empirischen Sozialforschung, Bd. I, S. 75 ff.; Mayntz, Holm, Hübner, Einführung in die Methoden der empirischen Soziologie, S. 18 ff.

[18] Hesse, Stadtentwicklungsplanung, S. 72 ff.

[19] Zinkahn, Bielenberg, Raumordnungsgesetz, S. 14.

nalisierbar bzw. durch Gesetze bereits konkretisierbar, etwa durch das Gesetz zum Schutz gegen Fluglärm[20].

Das Bedürfnis nach Wertausfüllung gefährdet die Zuverlässigkeit eines Zweckprogrammes als intersubjektives Entscheidungsinstrument, wenn die Wertüberzeugungen eines jeden Benutzers es ständig verändern; es versagt dann als Entscheidungsmittel. Haben sich aber die politischen Ansichten so verdichtet, daß sie selbst intersubjektive Geltung erlangen, so können sie in das Programm als dauerhafter Bestandteil integriert werden, ohne daß die Praktikabilität eines Programmes hierdurch gefährdet würde. Diese Überlegung deckt sich mit § 2 Abs. 3 RaumOrdG, nach dem die Länder weitere Grundsätze aufstellen können; für die Länder stellt diese Norm eine Blankettvorschrift dar, ihre raumpolitischen Vorstellungen in das Entscheidungsprogramm einfließen zu lassen.

Der Vorteil unbestimmter und ausfüllungsbedürftiger Zweckbestimmungen besteht darin, daß sie elastisch und damit leicht zu handhaben sind, daß sie sich Umweltdifferenzierungen anpassen und neue Erfordernisse einbeziehen, ohne vom Gesetzgeber geändert werden zu müssen. Die Form, Probleme relativ offen zu lassen, bietet sich vor allem bei Gesetzen an, die einen evolutionären Impetus beinhalten und bei denen nicht von vornherein feststeht, ob die Probleme in ihrer Ausgangsform überhaupt gelöst werden können[21]. Ihr Nachteil ist der oben aufgezeigte, daß sie als Entscheidungsinstrumente im Sinne einer eindeutigen Entscheidung nur bedingt brauchbar sind.

III. Programmgesetze im Wirtschaftsrecht

Ein weiterer Bereich, in dem Programmgesetze auftreten, ist der der staatlichen Wirtschaftslenkung. Seit 1966/67 ist die bis dahin interventionistische Beeinflussung der Wirtschaft durch den Staat mit direkten (Subventionen, Abschöpfungen) und indirekten (Währungs-, Steuer- und Kreditpolitik) Mitteln erweitert und in ein Modell der Wirtschaftslenkung überführt worden, das gemeinhin als „globale Wirtschaftssteuerung" bezeichnet wird[22]. Der Staat wurde zu einer Wirtschaftspolitik verpflichtet, die im Rahmen der marktwirtschaftlichen Ordnung makroökonomisch auf den Wirtschaftsablauf Einfluß nimmt.

---

[20] Vom 30. 3. 1971, BGBl. I S. 282. Seine Zweckbestimmung lautet: Zum Schutz der Allgemeinheit vor Gefahren, erheblichen Nachteilen und erheblichen Belästigungen durch Fluglärm...
[21] Luhmann, Zweckbegriff, S. 145 ff.
[22] Ausführlich hierzu Stern in: Stern / Münch / Hansmeyer, Stabilitätsgesetz, S. 78 f. mit weiteren Nachweisen.

8. Abschn.: Zweckbestimmungen in Programmgesetzen

Als wichtigstes Gesetz aus diesem Bereich ist das „Gesetz zur Förderung der Stabilität und des Wachstums der Wirtschaft" zu nennen[23]; seine Zweckbestimmung in § 1 lautet:

§ 1

Bund und Länder haben bei ihren wirtschafts- und finanzpolitischen Maßnahmen die Erfordernisse des gesamtwirtschaftlichen Gleichgewichts zu beachten. Die Maßnahmen sind so zu treffen, daß sie im Rahmen der marktwirtschaftlichen Ordnung gleichzeitig zur Stabilität des Preisniveaus, zu einem hohen Beschäftigungsstand und außenwirtschaftlichem Gleichgewicht bei stetigem und angemessenem Wirtschaftswachstum beitragen.

Gemäß der vorher zugrunde gelegten Definition[24] kann dieses Gesetz als „Programmgesetz" bezeichnet werden[25], denn es stellt ein differenziertes Planungsinstrumentarium zur Verfügung, das die staatlichen wirtschaftspolitischen Instanzen entweder präventiv oder repressiv einsetzen können[26], um das vorbezeichnete Ziel zu erreichen. Stern nennt dieses Gesetz einen „Plan der Pläne" mit Rahmen- oder Richtliniencharakter, weil der Spielraum der Exekutive groß bleibt[27].

IV. Die Bedeutung der Zweckbestimmungen

1. Die Gestaltungsfreiheit als Programmbestandteil

Eine Funktion des zweckprogrammierten Gesetzes, dessen notwendiger Bestandteil die Zweckbestimmung ist, besteht darin, daß seine formale Struktur eine inhaltliche Aussage darstellt. Der Aufbau einer Norm in der Form eines Zweckprogrammes spricht die begrenzte Entscheidungsfreiheit für den Normadressaten aus, unter mehreren geeigneten Mitteln zu wählen. Diese Freiheit ist nicht identisch mit dem Entschließungsermessen, das die Wahlmöglichkeit zu handeln oder nicht zu

---

[23] Vom 8. 6. 1967, BGBl. I S. 582; weitere globalsteuernde Gesetze bei Stern, Stabilitätsgesetz, S. 80 ff.
[24] Vgl. 8, Abschnitt I.
[25] Als weitere Programmgesetze kommen in Betracht: Gesetz über die Grundsätze des Haushaltsrechts des Bundes und der Länder (Haushaltsgrundsätzegesetz) vom 19. 8. 1969, BGBl. I 1273; Bundeshaushaltsordnung vom 19. 8. 1969, BGBl. I S. 1284.
[26] Ebenso Bräuer, DVBl. 70, 101; Schmidt - Preuß, Plan-Programm und Verfassung — Bemerkungen zu § 1 Stabilitätsgesetz, DVBl. 70, S. 535 bezeichnet § 1 ausdrücklich als Zweckprogramm. Götz, JZ 69, 756 sieht in § 1 StabG die gesetzliche Formulierung einer Aufgabe.
[27] Stern, Stabilitätsgesetz, S. 68 f. Die anschließende Qualifizierung als Maßnahmegestz erscheint fragwürdig, da das StabG im wesentlichen erst mögliche Maßnahmen vorbereitet. Vgl. hierzu 9. Abschnitt: Zweckbestimmungen bei Maßnahmegesetzen.

IV. Die Bedeutung der Zweckbestimmungen

handeln einräumt. Dieses Ermessen kann zusätzlich vorliegen, es kommt für die Frage in Betracht, ob das Entscheidungsprogramm in Gang gesetzt und eine konkrete Maßnahme erarbeitet werden soll. Die Entscheidungsfreiheit ist auch nicht identisch mit dem Auswahlermessen, so oder anders zu handeln, wenn mehrere Rechtsfolgen gesetzlich zulässig sind. Die Freiheit, die das Programm einräumt, entsteht im Entscheidungsprozeß, wenn zwischen mehreren bauchbaren Lösungsvorschlägen eine ausgewählt werden muß[28], sie ist Programmbestandteil. Mithin kann die Struktur eines Gesetzes die sonst üblichen Formulierungen wie „kann" und „darf" ersetzen und Normen, die die Gestaltungsfreiheit ausdrücklich artikulieren wie z. B. § 2 BBauG bezüglich dieser Aussage überflüssig machen.

2. Das Zweckprogramm als jus strictum

Die Existenz eines als Entscheidungsprogramm strukturierten Gesetzes bedeutet für den Normadressaten die Verpflichtung, sich des Programmes einschließlich aller Nebenbedingungen zu bedienen, wenn er relevante Maßnahmen erarbeiten will. Es besteht insoweit keine Wahlfreiheit; Zweckprogramme gehören wie alle anderen normativen Befehle zum jus strictum, sie statuieren eine Rechtspflicht gem. Art. 20 Abs. 3 GG[29].

3. Die Zweckbestimmung als Hilfsmittel der Auslegung

Weiterhin erlangt die Zweckbestimmung Bedeutung für die Auslegung ihres Gesetzes. Denn das Zweckprogramm verbindet und inte-

---

[28] Als Beispiel für die Gleichwertigkeit verschiedener Lösungen im Bereich der Raumgestaltung vgl. Breuer, Die hoheitliche, raumgestaltende Planung, S. 186:
„So können z. B. auf einer bestimmten Fläche eine bestimmte Zahl an Wohnungen, ein Straßennetz mit einer Hauptstraße und einer Reihe Nebenstraßen, eine Schule und eine Kirche auf ganz verschiedene architektonische Weise angeordnet werden, wobei doch jede Lösung sämtlichen Bedürfnissen, denen die einzelnen Bauten dienen, voll und gleichwertig gerecht wird. — Schließlich kann man das Gedankenspiel durchführen, daß man auf einer runden Fläche durch einfache Drehung eines bestimmten planerischen Konzepts um den Mittelpunkt der Fläche eine Vielzahl sachlich völlig gleichwertiger und doch für die einzelnen Grundstücke jeweils verschiedener planerischer Gestaltungen der Fläche gewinnt."

[29] Für das StabG:
Stern, Stabilitätsgesetz, S. 144 f.; Vogel im Bonner Kommentar, Rand 81 zu Art. 109; Friauf, Öffentlicher Haushalt und Wirtschaft, VVDStRL 27, S. 37; zurückhaltend Götz, JZ 69, S. 756 und Schmidt - Preuß, DVBl. 70, S. 535.
Für das BBauG:
BVerwG, DVBl. 62, 223; OVG Lüneburg, DVBl. 67, S. 391; Hess. VGH DVBl. 69, 410; BVerwG, DVBl. 70, 414; Bartelsperger, Die Bauleitplanung als Reservat des Verwaltungsstaates, DVBl. 67, 360 f.; Brügelmann, Grauvogel, Bundesbaugesetz, § 1 V 6 a; Ernst - Zinkahn - Bielenberg, Bundesbaugesetz, § 1 Rand 1.

griert alle in Betracht kommenden Maßnahmen, indem es deren wesentliche Entscheidungsprämissen festlegt. Zugleich zwingt es an sich denkbaren Problemlösungen Zulassungsbeschränkungen auf und trägt somit zu einer Harmonisierung bei ihrer Beurteilung bei[30].

4. Kontrollmöglichkeiten

Abschließend soll untersucht werden, inwieweit normative Zweckprogramme und ihre Ergebnisse, soweit sie neues Recht setzen, überprüfbar sind[31]. Dabei lassen sich in Anlehnung an Luhmann drei Abschnitte unterscheiden[32]:

a) Auf der obersten Stufe ist Kontrollobjekt das Entscheidungsprogramm selbst. Hier kann das BVerfG wie bei jeder anderen Norm die rechtliche Vereinbarkeit des Gesetzes mit der Verfassung überprüfen und nötigenfalls seine Nichtigkeit feststellen. Außerdem unterliegt das Gesetz der weitergehenden politischen Kontrolle, ob die aufgestellten Systemzwecke den Problembereich abdecken und ob das Programm effektiv arbeitet. Doch ergeben sich hieraus bezüglich der Justitiabilität keine Konsequenzen.

b) Die nächste Stufe der Kontrolltätigkeit umfaßt den Vorgang der Transformation der Systemzwecke in operationale Unterzwecke. Die im Zweckprogramm verwendeten Begriffe sind durchweg umfassend formuliert und bedürfen einer Konkretisierung, um eine Rechtsanwendung im Einzelfall zu gestatten. Sie sind daher als unbestimmte Rechtsbegriffe zu bewerten, die nach herrschender Meinung in ihrer Auslegung und Anwendung vollständig der Kontrolle durch die Verwaltungsbehörden und -gerichte unterliegen[33].

Etwas anderes kann sich im Einzelfall ergeben, wenn aus besonderen Gründen ein Beurteilungsspielraum eingeräumt wird[34], wenn die „maßgebenden materiellen Rechtsnormen als höchstpersönliche Ermächtigung einer ganz bestimmten, ihrer Art nach dazu gleichsam prädestinierten behördlichen Stelle begriffen werden könnte, verbindliche Qualifizierungen vorzunehmen[35]". Dann kommt eine begrenzte Kontrollmöglichkeit

---

[30] Luhmann, Zweckbegriff, S. 207.

[31] Wegen der zusammengefaßten Darstellung verschiedener Vorschriften müssen Besonderheiten bezüglich des Rechtscharakters oder des Rechtsschutzinteresses bei einzelnen Maßnahmen außer Betracht bleiben.

[32] Luhmann, Zweckbegriff, S. 221 ff.

[33] Forsthoff, Verwaltungsrecht I, S. 85 ff.; H. J. Wolff, Verwaltungsrecht I, § 31 I c mit weiteren Nachweisen.

[34] Kellner, Der sogenannte Beurteilungsspielraum in der verwaltungsgerichtlichen Prozeßpraxis, NJW 66, S. 859.

[35] BVerwGE 26, 65 ff.; BVerwG DVBl. 70, 543; Stern, Stabilitätsgesetz, S. 77; Ossenbühl, Ermessen, Verwaltungspolitik und unbestimmter Rechtsbegriff, DÖV 70, S. 88.

IV. Die Bedeutung der Zweckbestimmungen

in Betracht, die sich darauf beschränkt, nachzuprüfen, daß nicht unvollständige oder unrichtige tatsächliche Feststellungen getroffen oder grundlegende Kenntnisse außer Acht gelassen wurden[36].

c) Schließlich wird die Programmausführung daraufhin untersucht, ob sie die das Programm begrenzenden Nebenbedingungen berücksichtigt hat oder ob die Maßnahme wegen Verstoßes gegen eine Rechtsnorm rechtswidrig ist. Eine darüber hinaus gehende Bewertung des Entscheidungsvorganges findet wegen der dem Adressaten eingeräumten programminternen Entscheidungsfreiheit nicht statt[37].

---

[36] Stern, Stabilitätsgesetz, S. 77 rechnet hierzu die wirtschafts- und finanzpolitischen Ziele des StabG.
[37] Bräuer, die hoheitliche raumgestaltende Planung, S. 187; BVerwG, DVBl. 70, 414.

9. Abschnitt

Zweckbestimmungen bei Maßnahmegesetzen

I. Erläuterung des Gesetzestypus „Maßnahmegesetz" und Beschreibung der darin auftretenden Zweckbestimmungen

1. Analytische Merkmale

Das Maßnahmegesetz als ein besonderes Gestaltungsinstrument des Sozialstaates wurde in der rechtswissenschaftlichen Diskussion bis vor wenigen Jahren vorwiegend unter dem Aspekt diskutiert, daß es im Gegensatz zum „ordentlichen" Gesetz stehe und ob es verfassungsrechtlich zulässig sei[1]. Diese Auseinandersetzung ist zu einem gewissen Abschluß gekommen. Der Begriff wird als verfassungsrechtlich irrelevant gewertet, er vermag aber der wissenschaftlichen Durchdringung bestimmter Rechtsgebiete zu dienen[2].

Seine Besonderheit gegenüber anderen Gesetzen besteht darin, daß es auf eine konkrete Situation zugeschnitten ist, die es ordnen soll. So dient es nach Forsthoff einem konkreten, überschaubaren Zweck[3]. Menger erkennt es als einen Rechtssatz, in dem der Gesetzgeber einen zeitlich und (oder) zahlenmäßig begrenzten Kreis von Sachverhalten in einem Tatbestand zusammenfaßt, um ihn einer rein zweckmäßigen Folge zu unterwerfen[4]. Nach Huber liegt nur dann ein Maßnahmegesetz vor, wenn der Eingriff nicht bestimmt ist, zum dauernden Bestandteil der Rechtsordnung zu werden, sondern ein vorübergehendes Mittel ist, um den erwünschten Dauerzustand vorzubereiten und herbeizuführen[5]. Ballerstedt betont, Rechtsgeschäfte hätten einen substantiellen Rechtsgehalt,

---

[1] Ballerstedt, Über wirtschaftliche Maßnahmegesetze, S. 369 ff.; Forsthoff, Über Maßnahmegesetze, Gedächtnisschrift für Walter Jellinek, S. 221 ff.; Hoppe, Wirtschaftslenkende Maßnahmegesetze, DÖV 65, S. 546; Huber, Maßnahmegesetz und Rechtsgesetz; Krawietz, Zur Kritik am Begriff des Maßnahmegesetzes, DÖV 65, S. 127; Meesen, Maßnahmegesetze, Individualgesetze und Vollziehungsgesetze, DÖV 70, S. 314 ff.; Menger, Das Gesetz als Norm und Maßnahme, VVDStR 15, S. 3 ff.; Wehrhahn, VVDStR 15, S. 35 ff.; Zeidler, Maßnahmegesetz und „klassisches" Gesetz.

[2] Meesen, S. 316.

[3] Forsthoff, S. 225.

[4] Menger, S. 8 und S. 23.

[5] Huber, S. 63.

I. Erläuterung des Gesetzestypus „Maßnahmegesetz"

Maßnahmegesetze seien hingegen substantiell zweckbestimmt[6]. Nach Auffassung des BVerfG handelt es sich um Gesetze, die „konkrete Maßnahmen verwirklichen wollen und gegenstandslos werden, nachdem diese durchgeführt sind[7]". Mit Hoppe[8] läßt sich zusammenfassend feststellen, „daß die Maßnahmegesetze sich dadurch von den allgemeinen, normalen konstituierenden Gesetzen unterscheiden, daß sie sich durch eine größere Zwecknähe und geringe Abstraktheit der Tatbestandsmerkmale auszeichnen, daß sie eine auf ein konkretes Ziel abgestellte Rechtsfolge auslösen sollen. Sie sind gerichtet auf die Bewältigung einer konkreten, überschaubaren Situation durch konkrete und überschaubare Maßnahmen, wobei damit selbstverständlich nicht gemeint ist, daß die in einem solchen Gesetz geregelte Rechtsfolge sich nicht in einem längeren Zeitraum vielfach wiederholen könnte". Dieser Gesetzestypus findet sich vorwiegend bei Kriegsfolgenbeseitigungs- und Wirtschaftsgesetzen.

Maßnahmegesetze sind oft mit Zweckbestimmungen versehen; diese bilden den § 1 oder Art. 1 ihres Gesetzes und stellen inhaltlich gleichsam eine Einleitung der nachfolgenden Normen dar. In ihnen begründet der Gesetzgeber, warum er das Gesetz erlassen hat. Er weist die Notwendigkeit dieser Regelung nach, indem er z. B. eine besondere ökonomische Lage aufzeigt und erläutert, warum er einem nach seiner Auffassung unbilligen Zustand abhelfen und eine mißliche Situation beseitigen will. Hieran schließt sich eine summarische Inhaltsangabe, in der die neuen Regelungen konturenhaft aufgezeigt werden, oft verbunden mit einem Hinweis wie „nach Maßgabe dieses Gesetzes" oder „nach den Vorschriften dieses Gesetzes".

Vergleicht man die Einleitung mit der amtlichen Begründung, die dem Gesetzesentwurf beigefügt wurde, so stellt man fest, daß die Einleitung die Begründung in komprimierter Form wiedergibt.

Beispiel 35

Gesetz über einen Ausgleich für die Folgen der Aufwertung der DM auf dem Gebiet der Landwirtschaft[9]

a) Begründung (BT-Drucksache VI/56)

I. Allgemeines

Durch die Aufwertung der Deutschen Mark am 27. Oktober 1969 entstehen der deutschen Landwirtschaft besondere Verluste. Fast alle landwirtschaftlichen Erzeugnisse sind von Marktorganisationen der EWG erfaßt. Bei allen

---

[6] Ballerstedt, S. 380.
[7] BVerfG zum Investitionshilfegesetz in E 4, S. 7 (18).
[8] Hoppe, S. 548.
[9] Vom 23. 12. 1969, BGBl. I S. 2381.

wesentlichen Erzeugnissen werden die Preise dabei in irgendeiner Form geregelt. Das trifft sowohl die Preisabsicherung auf dem inneren Markt (z. B. Interventionsregelungen und Ausfuhrerstattungen) als auch den Schutz gegenüber Drittländern (Abschöpfungen).

Die hierfür maßgeblichen Preise sind in Rechnungseinheiten mit einer festen Goldparität festgelegt. Dieser Mechanismus hat zur Folge, daß diese Preise — in DM ausgedrückt — durch die Aufwertung um den Aufwertungssatz automatisch sinken. Damit schlägt sich die Aufwertung bei der Landwirtschaft als unmittelbarer Preisverlust, d. h. Einkommensminderung, im Gegensatz zu anderen Wirtschaftsbereichen in voller Höhe nieder. Dieser Einkommensverlust dürfte im Jahre 1970 1,7 Mrd. DM betragen. Dieser Betrag ist von den übrigen Mitgliedsstaaten und der Kommission der Europäischen Gemeinschaften auf der Ratstagung am 27. Oktober 1969 anerkannt worden.

Hinzu kommt, daß die landwirtschaftlichen Preise in der EWG seit Jahren im wesentlichen stabil geblieben sind, die Landwirtschaft an den Preissteigerungen gerade der letzten Zeit also nicht beteiligt war, wohl aber durch Kostensteigerung getroffen wurde.

Dieser Tatbestand macht es notwendig, der deutschen Landwirtschaft einen Ausgleich der für sie durch die Aufwertung entstehenden Folgen zu gewähren. Er soll auf zwei Wegen erreicht werden: Zum einen durch eine Änderung umsatzsteuerrechtlicher Vorschriften, die sich unmittelbar als Einkommensverbesserung der Landwirte auswirkt, zum anderen durch die Bereitstellung zusätzlicher Mittel aus dem Bundeshaushalt.

b) Diese Aussage wird in folgender Leitvorschrift zusammengefaßt:

Artikel 1

Der deutschen Landwirtschaft durch die Aufwertung der Deutschen Mark vom 27. Oktober 1969 entstehende Folgen werden nach Maßgabe dieses Gesetzes durch Änderung und Ergänzung der Vorschriften des Umsatzsteuerrechts und Bereitstellung zusätzlicher Mittel für die Landwirtschaft im Bundeshaushalt ausgeglichen.

2. *Das Maßnahmegesetz als Konditionalprogramm*

Die Tatsache, daß Maßnahmegesetze Zweckbestimmungen enthalten, könnte dafür sprechen, daß sie wie bei den vorher aufgezeigten Gesetzen ein Entscheidungsprogramm in Form eines Zweckprogrammes darstellen. Bedenken gegen diese Annahme ergeben sich wegen des grundsätzlichen Tenors der Zweckbestimmungen, weniger eine Zielformulierung als eine Begründung dafür zu sein, warum der Gesetzgeber dieses Gesetz erlassen hat. Hiergegen spricht auch die typische Struktur dieser Einleitungen: Um ... zu erreichen, wird ... getan nach Maßgabe dieses Gesetzes. Mit der Aussage „nach Maßgabe dieses Gesetzes" oder „nach den Vorschriften dieses Gesetzes" leitet der Gesetzgeber auf die einzelnen Normen über und gibt zu erkennen, daß diese Normen die allein verbindlichen Regelungen darstellen und andere als die in ihnen vorge-

I. Erläuterung des Gesetzestypus „Maßnahmegesetz"

sehenen Maßnahmen nicht in Betracht kommen sollen. Damit können die einzelnen Normen nicht als Nebenbedingungen angesehen werden, die einen Entscheidungsprozeß begrenzen, sondern sie sind die ausschließlichen Träger der rechtlichen Gestaltung.

Schließlich spricht gegen die Annahme eines Zweckprogrammes, daß in der Einleitung der Inhalt der Regelung summarisch aufgeführt und anschließend vom Gesetzgeber selbst konkretisiert wird. So bleibt kein Raum mehr für eine eigene Entscheidung. In dem vorher angeführten Beispiel sollten die Folgen, die der Landwirtschaft durch die DM-Aufwertung vom 27. 10. 69 entstanden sind, durch Änderung und Ergänzung der Vorschriften des Umsatzsteuerrechts und Bereitstellung zusätzlicher Mittel ausgeglichen werden. Wäre es bei dieser Aussage geblieben, hätte die zuständige Steuerbehörde entscheiden können, welche Gesetze in welcher Weise zu ändern gewesen wären. Da aber in den folgenden Artikeln dieses Gesetzes genau festgelegt ist, welche Passagen des Umsatzsteuergesetzes durch andere ersetzt werden, bleibt kein Platz für eine eigene Entscheidung. In diesem System wird der Gesetzesanwender zum Ausführungsorgan. Die Regelungen sind bei optimaler Gestaltung Algorithmen, die schematisch vollzogen werden können, ohne den Sinn des Vollzuges zu hinterfragen. Daher müssen die Maßnahmegesetze — wie die meisten Gesetze — bis auf die in ihnen möglicherweise enthaltenen Rechtsverordnungsermächtigungen als abgeschlossene Konditionalprogramme eingestuft werden. Deren Normen verknüpfen Tatbestand und Rechtsfolge in Form einer Wenn/Dann-Regel gleichsam kausal miteinander; die Rechtsfolge tritt ein, wenn der Tatbestand verwirklicht ist[10]. (Wenn X einen landwirtschaftlichen Betrieb führt, so erhält er eine bestimmte Steuervergünstigung. Hier wird nicht gefragt, ob X tatsächlich Verluste durch die Aufwertung erlitten hat.) Der Vorteil des Konditionalprogrammes liegt vor allem in seiner Praktikabilität, da derjenige, der sich dieses Programmes bedient, außerhalb des Systems liegende Erwägungen unberücksichtigt lassen kann oder nur in Zweifeln darauf zurückzugreifen braucht[11].

Der wesentliche Unterschied zum Zweckprogramm ist darin zu sehen, daß das Konditionalprogramm den Eingang des Systems fixiert, indem es festlegt, welche Tatbestände als Ursachen für Rechtswirkungen gelten sollen. Das Zweckprogramm hingegen fixiert den Ausstoß des Systems, die zu bewirkende Wirkung, die durch das System erreicht werden soll[12].

---

[10] Luhmann, Zweckbegriff, S. 68.
[11] Luhmann, Rechtssoziologie II, S. 229.
[12] An dieser Stelle soll kurz auf die Kritik von Schmidt, Walter in „Die Programmierung von Verwaltungsentscheidungen", AÖR 96 (1971), S. 321 ff. (333) zu Luhmanns Theorie eingegangen werden.
Schmidt stellt heraus, daß die Zweckfixierung für sich eine Auswahl aus

II. Die Bedeutung der Zweckbestimmungen

1. Vorüberlegung

Ausgehend von der Überlegung, daß Konditionalprogramme außerhalb des Systems liegende Erwägungen vernachlässigen, stellt sich die Frage, ob die Zweckbestimmungen der Maßnahmegesetze überhaupt eine Funktion erfüllen können. Luhmann beantwortet sie negativ: „Zwecke haben in solchen Konditionalprogrammen keine wesentliche Funktion... Die finale Struktur ist nur noch für die Setzung und Auslegung von Normen relevant[13]."

Andererseits spricht die Tatsache, daß Maßnahmegesetze zwar nicht immer, aber oft mit Zweckbestimmungen versehen sind, dafür, daß diese Vorschriften nicht ganz unbedeutend sind.

2. Die Zweckbestimmung als Zeitbestimmung

Eine erste Wirkung der Zweckbestimmung für das Maßnahmegesetz kann darin erkannt werden, daß die Zweckbestimmung den Charakter der kurzzeitigen Regelung verstärkt. Denn wenn in einem Gesetz sein Zweck expressis verbis aufgenommen und damit gleichsam zementiert wird, führt dies dazu, daß das Gesetz unbrauchbar wird, sobald seine Prinzipien veralten. Eine sinnvolle Neuverwertung alter Institutionen durch die rechtswissenschaftliche Dogmatik ist bei einer Änderung der sozialen und ökonomischen Verhältnisse nur möglich, wenn eine Variabilität des Zweckes gewährleistet ist, nicht bei seiner starren Festlegung[14]. Somit verstärkt die einleitende Zweckbestimmung den Effekt der zeitlichen Begrenzung bei Maßnahmegesetzen.

---

den Mitteln und damit eine bestimmte Entscheidung nicht vorzeichnen kann. „Sie formuliert ein Problem, aber sie programmiert es nicht." Erst durch Hinzufügen zu berücksichtigender Nebenbedingungen als konditionelle Elemente könne ein Zweckprogramm entstehen. Hieraus zieht er den Schluß, daß der Gegensatz zwischen den beiden Programmen damit zusammenfiele.
Diese Schlußfolgerung ist unverständlich. Wie Luhmann immer wieder betont, (vgl. z. B. Zweckbegriff S. 70 und S. 194 ff.), macht nicht der vorgegebene Zweck, sondern erst die Gesamtheit des Entscheidungsprogrammes — auch mit Nebenbedingungen als constraints — das stabilisierende Programm aus. Nebenbedingungen sind damit keine systemfremden Elemente, sondern einengende Bestandteile des Zweckprogrammes, die den qualitativen Unterschied beider Entscheidungsprogramme nicht aufheben. Denn trotz der constraints bleibt dem Programmbenutzer ein eigener Entscheidungsspielraum, der im Konditionalprogramm nicht vorgesehen ist.

[13] Luhmann, Funktionale Methode und juristische Entscheidung, AÖR Bd. 94 (1969), S. 3.
[14] Esser, Grundsatz und Norm, S. 147.

II. Die Bedeutung der Zweckbestimmungen

3. Die Zweckbestimmung als Hilfsmittel der systematischen und sachlichen Einordnung des Gesetzes

Ihre Existenz ist dann erforderlich, wenn die komplexe und vielschichtige ökonomische und soziale Materie der Maßnahmegesetze erfordert, daß das Gesetz aus sich einen Hinweis gibt, wo es systematisch einzuordnen ist. Das soll an einem Beispiel erläutert werden. Art. 2 Abs. 1 eines Gesetzes — Art. 1 ist die Zweckbestimmung — lautet folgendermaßen:

Artikel 2

Das Umsatzsteuergesetz (Mehrwertsteuer) vom 29. Mai 1967 (Bundesgesetzbl. I S. 545), zuletzt geändert durch die Verordnung zur Anpassung des Umsatzsteuergesetzes (Mehrwertsteuer) an den Zolltarif vom 19. Dezember 1968 (Bundesgesetzbl. I S. 1374), wird wie folgt geändert:

1. § 24 wird wie folgt geändert:

   a) Absatz 1 erhält folgende Fassung:
   "(1) Für die im Rahmen eines land- und forstwirtschaftlichen Betriebes ausgeführten Umsätze wird die Steuer wie folgt festgesetzt:
   1. Für die Lieferungen und den Eigenverbrauch von forstwirtschaftlichen Erzeugnissen, ausgenommen Sägewerkserzeugnisse, auf drei vom Hundert,
   2. für die Lieferungen und den Eigenverbrauch der in der Anlage 1 aufgeführten Sägewerkserzeugnisse und für die sonstigen Leistungen auf fünf vom Hundert,
   3. für die Lieferungen und den Eigenverbrauch der in der Anlage nicht aufgeführten Sägewerkserzeugnisse und Getränke sowie von alkoholischen Flüssigkeiten auf elf vom Hundert
   und
   4. für die übrigen Umsätze im Sinne des § 1 Abs. 1 Nr. 1 und 2 auf acht vom Hundert

   der Bemessungsgrundlage. Die Befreiungen nach § 4 mit Ausnahme der Nummern 1 bis 5 bleiben unberührt; § 9 findet keine Anwendung. Für die Ausfuhrlieferungen und die im Ausland bewirkten Lieferungen der in Satz 1 Nr. 3 bezeichneten Gegenstände ermäßigt sich die Steuer wie folgt: bei Sägewerkserzeugnissen auf fünf vom Hundert, bei Getränken und alkoholischen Flüssigkeiten auf acht vom Hundert. Die Vorsteuerbeträge werden, soweit sie den in Satz 1 Nr 1 bezeichneten Umsätzen zuzurechnen sind, auf drei vom Hundert der Bemessungsgrundlage für diese Umsätze festgesetzt. Ein weiterer Vorsteuerabzug entfällt. § 14 ist anzuwenden."

   b) In Absatz 2 wird hinter dem letzten Satz folgender Satz angefügt:
   „Als land- und forstwirtschaftlicher Betrieb gilt auch ein Gewerbebetrieb kraft Rechtsform, wenn im übrigen die Merkmale eines land- und forstwirtschaftlichen Betriebes vorliegen."

Artikel 3 hat folgende Fassung:

§ 12 Satz 2 der Ersten Verordnung zur Durchführung des Umsatzsteuergesetzes (Mehrwertsteuer) vom 26. Juli 1967 (Bundesgesetzbl. I S. 801), geändert durch die Verordnung zur Durchführung des Umsatzsteuergesetzes (Mehrwertsteuer) vom 3. April 1968 (Bundesgesetzbl. I S. 249), erhält folgende Fassung:

„Das gilt nicht, soweit es sich um die Aufzeichnung der Bemessungsgrundlagen für die Umsätze im Sinne des § 24 Abs. 1 Satz 1 Nr. 3 des Gesetzes handelt."

Aus diesen zwei vorliegenden Normen allein kann nicht geschlossen werden, zu welchem sachlichen Bereich das Gesetz gehört, in welches übergeordnete System es eingebettet ist. Auch die anderen Normen sind nicht aufschlußreicher. Licht in dieses Dunkel trägt erst die Überschrift, die den Gesetzeszweck definiert:

Gesetz über einen Ausgleich für Folgen der Aufwertung der Deutschen Mark auf dem Gebiet der Landwirtschaft (Aufwertungsausgleichsgesetz)[15]

Noch klarer wird die Zielvorstellung des Gesetzgebers, wenn Art. 1 dieses Gesetzes in die Überlegungen mit einbezogen wird.

Artikel 1

Der deutschen Landwirtschaft durch die Aufwertung der Deutschen Mark vom 27. Oktober 1969 entstehende Folgen werden nach Maßgabe dieses Gesetzes durch Änderung und Ergänzung der Vorschriften des Umsatzsteuerrechts und Bereitstellung zusätzlicher Mittel für die Landwirtschaft im Bundeshaushalt ausgeglichen.

Damit kann als Ergebnis festgehalten werden, daß manche Zweckbestimmungen notwendiges Indiz für die systematische und sachliche Einordnung des Maßnahmegesetzes in den umfassenderen Regelungskomplex darstellen.

4. Die Zweckbestimmung als Hilfsmittel der Gesetzesanwendung

Zugleich wird an diesem Beispiel eine andere Funktion der Zweckbestimmung offenkundig: die Erläuterung des Gesetzeszweckes. Jede Gesetzesanwendung erfordert die Rückbesinnung auf den Zweck der Regelung, sei es, um die Aufgabenstellung der Norm zu erkennen, sei es zur Rechtfertigung des abgeleiteten Ergebnisses. Dies wird unmöglich, wenn, wie das vorherige Beispiel zeigt, das gesetzliche telos nicht erkannt werden kann. Der Grund für solche Schwierigkeiten liegt in der Funktion der Maßnahmegesetze, als pragmatische Steuerungsmittel zur Regelung und Gestaltung unseres Sozialgefüges. Sie dienen singulären, situationsgebundenen Zwecken[16], die sich in ihrer Gesamtheit

---

[15] Siehe vorher Beispiel 35.
[16] Meesen, S. 315.

zwar in Formeln wie „Errichtung des gesamtwirtschaftlichen Gleichgewichts" oder „sozialstaatliche Belange" zusammenfassen lassen, im Einzelfall aber als axiomatische Entscheidungen der Legislative angesehen werden müssen, die oft dem Gesetz selbst nicht entnommen werden können. (Vgl. das vorher angeführte Beispiel.) In solchen Fällen wird erst mit einer formulierten Zweckbestimmung die Zielrichtung des Gesetzes erkennbar und damit seine richtige Anwendung ermöglicht[17].

Andererseits kann der statuierte Gesetzeszweck keine über das eigene Gesetz hinausreichende Rechtswirkung erlangen. Z. B. darf aus der Tatsache, daß der Gesetzgeber im InvestitionshilfeG[18] den Kohlebergbau, die eisenschaffende Industrie und die Energiewirtschaft besonders fördert, nicht geschlossen werden, daß in unserem Wirtschaftssystem diesen Wirtschaftszweigen grundsätzlich eine Priorität vor anderen eingeräumt werden soll. Der Grund dafür liegt auch hier in der spezifischen Eigenart des Maßnahmegesetzes, eine axiomatische und kurzzeitige Regelung zu sein. Deswegen ist dieser Gesetzestypus ungeeignet, grundsätzliche Wertentscheidungen auszubilden, denn seine Maßnahmen können jederzeit von anderen — auch entgegengesetzten — abgelöst werden.

5. Die Zweckbestimmung als Hilfsmittel der Auslegung des Gesetzes

Die wohl wesentlichste, auch von Luhmann[19] zugestandene Bedeutung zweckbestimmender Vorschriften liegt in ihrer Funktion für die Auslegung in Zweifelsfällen. Wenn Unsicherheit bezüglich des Aussagegehaltes einzelner Normen besteht, wird immer neben anderen Auslegungsmethoden der Gesetzeszweck erforscht. Dafür ist die Zweckbestimmung des Maßnahmegesetzes ein wichtiges Hilfsmittel[20], es gibt oft die einzig

---

[17] Zum gleichen Ergebnis gelangt Esser, Methodenwahl und Vorverständnis, S. 148:
Es sollte betont werden: Auch im Konditionsprogramm haben Zwecke eine wesentliche Funktion, und zwar selbst dann, wenn das Programm formal im Sinne der „zu bewirkenden Wirkungen" eindeutig konzipiert ist. Ob nämlich die Wirkungen im Programm voll einkalkuliert waren und welche der einzelnen Wirkungen im Programm nicht oder unrichtig vorgestellt waren, darüber hat der Rechtsanwender im Sinne der Interpretation der Programmzwecksetzung ein verantwortliches Urteil. Dazu muß er „hinter die Kulissen" der Programmierung blicken — nicht im Sinne der Motivforschung, sondern im Sinne der aktuell ersichtlichen Aufgabenstellung der betreffenden Norm, ihrer Rechtfertigung bei der Bemessung von Zweck und Mittel unter einem plausiblen Sachgesichtspunkt. Er hat also kein voll autonomes Programm auszuführen, das er nur „zuweilen", bei besonders hoch abstrakt formulierten Konditionen, auslegen müßte, sondern er hat sich durchweg auch einer „wirtschaftlichen Betrachtungsweise" zu bedienen.
[18] Vgl. Beispiel Nr. 16.
[19] Vgl. vorher Anmerkung 13.
[20] BGH NJW 67, S. 343 (346); BGHZE 19, 37 (61); 19, 227 (229); 42, 19 (21/22).

weiterführende Antwort auf die Fragen[21]: „Welche wirtschaftlichen und sozialen Verhältnisse hatte der Gesetzesverfasser vor Augen? Von welchem Rechtszustand ging man aus? Welchen Reformbestrebungen wollte der Gesetzgeber Rechnung tragen? Welchen Interessenkonflikt wollte er ausgleichen? Auf welche Fallgestaltung ist das Gesetz anwendbar?

Bedeutet andererseits die Funktion der Zweckbestimmung als Definition des Gesetzeszweckes für die teleologische Auslegung eine Reduktion dahingehender Überlegungen auf diesen formulierten Zweck; wird durch seine Fixierung weiteres Suchen in dieser Richtung abgeschnitten? Eine bejahende Antwort stände im Widerspruch zur allgemeinen Lehre der Rechtsfindung und Rechtsanwendung. Nur da, wo die in der Zweckbestimmung ausgesprochenen sozialen und wirtschaftlichen Relevanzen für den entscheidenden Richter eindeutig sind, erübrigt sich ein weiteres Hinterfragen des Normzweckes[22]. Zu einer solchen Vollständigkeit sind Zweckbestimmungen nur selten fähig, was offensichtlich wird, wenn man ihren Umfang mit dem der Begründung des Gesetzesentwurfes vergleicht, der ebenfalls der Zweckdefinition dient. Darum werden in Zweifelsfragen umfassendere teleologische Überlegungen erforderlich werden, für die der vorgegebene Zweck nur einen, wenn auch maßgeblichen Gesichtspunkt darstellt.

So hatte z. B. das BVerwG zu entscheiden, ob der Anspruch auf Wohngeld vererbbar sei[23]. Es begründet seine Entscheidung u. a. mit der Zweckbestimmung des Wohngeldgesetzes, bereichert diese aber mit eigenen teleologischen Erwägungen[24]: „Die Gewährung von Wohngeld soll dagegen seinem Empfänger ein Mindestmaß an Wohnraum auf die

---

[21] Dabei kann der Theorienstreit zwischen objektiver und subjektiver Auslegungstheorie, der im wesentlichen darin besteht, ob historische Auslegungsmittel oder Auslegungsgesichtspunkte der Gegenwart herangezogen werden, außer Betracht bleiben (vgl. hierzu Menniken, Das Ziel der Gesetzesauslegung, insbes. S. 15). Denn bei Maßnahmegesetzen gibt es keinen historischen Gesetzgeber. Wegen ihrer Zeitgebundenheit sind es immer relativ junge und aktuelle Gesetze, bei denen sich der Wille des Gesetzgebers und die ratio legis decken; anderenfalls könnte das Maßnahmegesetz nicht als politisches Gestaltungsinstrument des Sozialstaates qualifiziert werden.
[22] Esser, Vorverständnis und Methodenwahl in der Rechtsfindung, S. 160.
[23] BVerwGE 30, S. 123 (126 f.).
[24] Die Zweckbestimmung des Wohngeldgesetzes vom 1. 4. 1965 in BGBl. I S. 177 lautet: Um einen Inhaber von Wohnraum im Geltungsbereich dieses Gesetzes zur Vermeidung sozialer Härten ein Mindestmaß an Wohnraum wirtschaftlich zu sichern, wird nach Maßgabe dieses Gesetzes ein Zuschuß zu den Aufwendungen für den Wohnraum (Wohngeld) gewährt.
Nicht unproblematisch ist in diesem Zusammenhang die Frage, ob das Wohngeldgesetz zum Maßnahmerecht gezählt werden kann, ob es, das Wohngeldgesetz, ein vorübergehendes Mittel zur Vorbereitung eines Dauerzustandes ist oder ein dauernder Bestandteil unserer sozialen Rechtsordnung. Für die Annahme, daß es sich um ein Maßnahmegesetz handelt, spricht die zeitbedingte, ständigen Veränderungen unterworfene Materie des Wohnungsbeihilferechtes. So im Ergebnis auch Anderegg, Wohngeldgesetz, S. 11.

Dauer sichern; er soll nicht aus wirtschaftlichen Gründen gehindert sein, ausreichenden Wohnraum zu benutzen. Auf diese Weise wird ihm zwar — wie durch jede Sozialleistung — ein Beitrag geleistet, der es ihm erlaubt, menschenwürdig zu leben; bei der Gewährung des Wohngeldes wird aber nicht an seine besondere Lebenssituation angeknüpft, die ständigen Veränderungen unterliegt. Ein Mindestmaß an Wohnraum ist ‚wirtschaftlich zu sichern'. Der Sicherungszweck wird erfüllt durch eine an den Einkommensstand, die Miethöhe, den Familienstand und die Wohnungsgröße anknüpfende Gesamtregelung, die es dem Empfänger von Wohngeld ermöglicht, langfristig zu planen, wenn er sich entscheidet, Wohnraum zu behalten oder zu beziehen. Er wird durch die gesetzliche Regelung in die Lage versetzt, auch im Hinblick auf künftige Veränderungen seiner Einnahmen und der für den Wohnraum erforderlichen Aufwendungen zu entscheiden, ob er ohne Gefahr für seinen Lebensunterhalt vorhandenen oder zur Verfügung stehenden Wohnraum beibehalten oder beziehen kann. Sofern und soweit ihm nach dem Gesetz Wohngeldansprüche zustehen — oder im Fall einer Verschlechterung seiner Lage erwachsen —, muß er und darf er sich nicht als ‚hilfsbedürftig' im Sinne des Sozialhilferechts ansehen, wenn er die gesetzlich geregelten Leistungen in Anspruch nimmt oder auch nur mit ihnen rechnet. Es handelt sich bei dem Wohngeld um einen auf Dauer angelegten — wenn auch von vielen Umständen abhängigen — ‚Zuschuß', der den Eintritt der ‚Hilfsbedürftigkeit' zu verhindern und den Begünstigten — unabhängig von den Besonderheiten der ‚Lebenssituation' — zu ‚sichern' bestimmt ist."

Dieses Beispiel zeigt deutlich, wie das BVerwG über die Zweckbestimmung des Wohngeldgesetzes hinaus weitere teleologische Überlegungen Platz greifen läßt.

Andererseits darf diese Freiheit gegenüber dem gesetzlichen Text nicht zu einer Disharmonie mit der gesetzgeberischen Intention führen. Der Zweck ist vorgegeben, er wurde als gemeinsamer Bestandteil jeder einzelnen Norm „vor die Klammer gezogen"[25] und muß deshalb als „Tatbestandsmerkmal" jeder Norm dieses Gesetzes berücksichtigt werden.

6. Das Rangverhältnis zwischen gesetzlich statuiertem und formlosem Gesetzeszweck

Nachdem die verschiedenen Funktionen zweckbestimmender Vorschriften bei Maßnahmegesetzen herausgestellt worden sind, muß zum Abschluß auf folgenden Aspekt hingewiesen werden.

---

[25] Fischer - Dieskau, Das zweite Wohnungsbaugesetz, § 1, S. 172.

Für die Ermächtigungsgesetze wie für die Programmgesetze wurde festgestellt, daß ihre Zwecke im Gesetz fixiert sein müssen, die einen wegen Art. 80 GG, die anderen, weil sie sachlich notwendig sind. Eine derartige Gesetzmäßigkeit kann für die Zweckbestimmungen der Maßnahmegesetze nicht erkannt werden. Der Gesetzgeber kann sie frei handhaben, es steht in seinem Ermessen, ob er sie verwendet oder ob er sie weg läßt. So wurde z. B. das Wohnungsbauprämiengesetz vom 18. 9. 69, BGBl I 1677, mit der Zweckbestimmung in § 1 „Zur Förderung des Wohnungsbaues..." versehen. In dem im wesentlichen gleich strukturierten Spar-Prämien-Gesetz vom gleichen Tag verzichtete man darauf. Diese Tatsache beinträchtigte zwar die generelle Bedeutung des Gesetzeszweckes als Auslegungs- und Kontrollmittel nicht, sie relativiert aber den Unterschied zwischen formlosem und gesetzlich statuiertem Zweck. Dazu trägt auch die gesetzgeberische Freiheit bei, mitunter überflüssige teleologische Aussagen zu machen. So wurde z. B. im Gesetz zur Förderung des Bergarbeiterwohnungsbaues im Kohlenbergbau vom 23. 10. 51 BGBl I S. 1677 in der Einleitung lediglich die Überschrift wiederholt. In anderen Zweckbestimmungen wurden Selbstverständlichkeiten ausgedrückt, z. B. im vorher genannten Wohnungsbauprämiengesetz.

Berücksichtigt man weiterhin, daß die Zweckbestimmungen bei der Auslegung nach Bedarf durch zusätzliche Zweckerwägungen ergänzt werden können, so gelangt man zu dem Ergebnis, daß zwischen dem gesetzlich fixierten und dem unnormierten Gesetzeszweck ein qualitativer Unterschied nicht feststellbar ist. Diese Tatsache beeinträchtigt aber die vorher aufgezeigte Bedeutung der Zweckbestimmungen in den Maßnahmegesetzen in keiner Weise.

7. Die Bedeutung der Zweckbestimmungen für das Vorverständnis

Nachdem die Bedeutung der Zweckbestimmung als teilweise unbedingt notwendige Orientierungshilfe für den Rechtsanwendenden herausgestellt wurde, schließt sich die Frage an, inwieweit sie sein Vorverständnis prägt und beeinflußt. Der Begriff des Vorverständnisses wurde von Hans Gadamer in die juristische Hermeneutik eingeführt und ist heute ein Zentralbegriff der modernen Methodenlehre[26]. Er umschreibt das Bewußtsein des Rechtsanwenders vor Beginn des konkreten Rechtsfindungsaktes, seine Erwartungshaltung bezüglich der Lösung von Konfliktfragen. Juristische Interpretation ist nicht gleichzusetzen mit einer allgemeinen sprachlichen Interpretation. Esser schreibt: „Für die Interpretation im Recht wird vielmehr ausschlaggebend, daß ja mit einer

---

[26] Vgl. statt aller Esser, Vorverständnis und Methodenwahl, insbes. S. 136 ff.

II. Die Bedeutung der Zweckbestimmungen

bestimmten Erwartung an die Lösungsmöglichkeit von Konfliktfragen an jene zu interpretierenden Texte herangetreten wird und daß diese Erwartung die Interpretationsmöglichkeiten begrenzt und erschließt[27]." Der Jurist begreift einen Normtext als ein für seine Entscheidung sinnvolles Weisungsmuster, das im Einklang mit dem gesamten Ordnungssystem steht. Geprägt durch Ausbildung und praktische Erfahrung weiß er im allgemeinen, welche Gruppeninteressen und Gegeninteressen in seinem „Fall" aufeinanderstoßen; er hat das erforderliche Problembewußtsein, um die einschlägige positive Norm zu finden, die eine befriedigende Entscheidung trägt. Vorverständnis ist mithin eine Summe antizipierter und hypothetischer Werturteile, Erwartungen, die der Rechtsanwender an das Recht stellt, wenn er mit einer konkreten Fallproblematik konfrontiert wird.

Die Frage lautet, ob die Zweckbestimmungen in besonderer Weise zur Ausprägung des Vorverständnisses beitragen. Diese Überlegung erscheint deshalb berechtigt, weil sich in ihnen die Wertentscheidungen des Gesetzgebers konkretisieren und weil andererseits das Vorverständnis sich aus Wertungen zusammensetzt. Der Richter, der Art. 1 des Aufwertungsgesetzes gelesen hat, um bei dem vorstehenden Beispiel zu bleiben, nimmt sicher in sein Problembewußtsein die generelle Regelung auf, daß die durch die Aufwertung entstandenen Nachteile für die Landwirtschaft ausgeglichen werden sollen. Dieser Satz wird Bestandteil seines Wertsystems, er erweitert oder korrigiert das bereits vorhandene Vorverständnis. Der gleiche Effekt würde aber auch erreicht, wenn dieser Richter einschlägige Urteile oder Kommentierungen läse. Hier kann kein qualitativer Unterschied festgestellt werden, der es rechtfertigen würde, von einer besonderen Wirkung der Zweckbestimmungen für das Vorverständnis zu sprechen. Die Zweckbestimmungen können demnach zwar Elemente sein, die den Erwartungsstand des Rechtsanwenders, sein Vorverständnis beeinflussen und ausbilden, doch prägen sie nicht mehr als jede andere Erfahrung mit der relevanten Rechtsmaterie.

---

[27] Esser, S. 139.

10. Abschnitt

Zweckbestimmungen in Sozialstaatsgesetzen

I. Erläuterung des Gesetzestypus „Sozialstaatsgesetz" und Beschreibung der darin auftretenden Zweckbestimmungen

Im folgenden werden die Zweckbestimmungen der Gesetze untersucht, die nach Auffassung des Gesetzgebers einen Beitrag zur Verwirklichung des modernen Sozialstaates darstellen sollen[1] und deshalb als „Sozialstaatsgesetze" bezeichnet werden können. Sie wurden größtenteils erst in der V. und VI. Legislaturperiode erlassen oder neu gefaßt[2].

Die hier auftretenden Zweckbestimmungen unterscheiden sich von den nachfolgenden Normen zunächst durch ihre sprachliche Gestaltung. Statt des üblichen juristisch-technischen und abstrakten Stils verwendet der Gesetzgeber hier eine leicht faßbare, ohne weiteres verständliche Sprache, er formuliert volkstümlich; so z. B. in § 1 Abs. 1 des Jugendwohlfahrtsgesetzes: „Jedes deutsche Kind hat ein Recht auf Erziehung zur leiblichen, seelischen und gesellschaftlichen Tüchtigkeit."

Inhaltlich konkretisieren die Vorschriften die Sozialstaatsklausel (Art. 20 und 28 GG); sie stellen sozialpolitische und sozialrechtliche Leitideen für ihren Bereich auf und beschreiben die Stellung des Bürgers im Sozialstaat. Indem sie teilweise als Individualrechte formuliert sind, verdeutlichen sie, daß der Einzelne nicht Objekt der staatlichen Sozialpolitik sein soll, sondern Träger von Rechten, die auf Teilhabe an der vom Staat geleisteten sozialen Förderung und Sicherung gerichtet sind[3].

In ihrer Gesamtheit stellen diese Vorschriften als soziale Rechte ein Wertsystem auf und lassen sich von daher mit den Freiheitsrechten ver-

---

[1] Benda, Rechtspolitische Grundsätze und Vorschläge für die 6. Legislaturperiode, ZRP 69, S. 210.

[2] Arbeitsförderungsgesetz vom 25. 6. 1969, BGBl. I S. 582; Bundesausbildungsförderungsgesetz vom 26. 8. 1971, BGBl. I S. 1409; Berufsbildungsgesetz vom 14. 8. 1969, BGBl. I S. 1112; Bundessozialhilfegesetz, Neufassung vom 18. 9. 1969, BGBl. I S. 1688; Graduiertenförderungsgesetz vom 2. 9. 1971, BGBl. I S. 1465; Jugendwohlfahrtsgesetz, Neufassung vom 6. 8. 1970, BGBl. I S. 1197; Mutterschutzgesetz, Neufassung vom 18. 4. 1968, BGBl. I S. 316.

[3] Hauck, Das neue Sozialgesetzbuch, S. 20.

gleichen. Doch bestehen zwischen beiden Gruppen unverkennbare Unterschiede, die Thomandl in prägnanter Weise beschrieben hat[4]:

„Errichten die Freiheitsrechte Schranken für jeden Staat, so drängen die sozialen Grundrechte den Staat zur steten Einflußnahme auf Wirtschaft und Gesellschaft; bezwecken die Freiheitsrechte die Garantie von Freiheit, so die sozialen Grundrechte die Gewährleistung von Sicherheit; sind die Freiheitsrechte absolut angelegt, so können die sozialen Grundrechte nur hic et nunc entsprechend dem Entwicklungsgrad von Wirtschaft und Gesellschaft realisiert werden; bestimmen die Freiheitsrechte einen Zustand, so die sozialen Grundrechte einen Prozeß; besitzen die Freiheitsrechte eine individualistische Grundstruktur, so die sozialen eine gemeinschaftsbezogene; zielen die Freiheitsrechte auf Ausgrenzung, so die sozialen Grundrechte auf Förderung und Betreuung. Erst in einer materialen Sicht treffen sie sich funktionell in ihrer wertordnungsstiftenden Bedeutung."

Die Frage, warum solche grundsätzlichen Aussagen in Gesetze aufgenommen werden, läßt sich damit beantworten, daß es in der deutschen und internationalen Rechtsentwicklung zur Gewohnheit geworden ist, sozialpolitische Leitideen zu artikulieren, auf den einzelnen zu beziehen und als „soziale Rechte" zu formulieren[5,6]. Beispielhaft seien genannt die Menschenrechtskonvention der UN (1948), die Europäische Sozialcharta (1961) und insbesondere der Gesetzentwurf zum Sozialgesetzbuch, in dem mehrere dieser Vorschriften in leicht veränderter Form unter dem Oberbegriff „soziale Rechte" zusammengefaßt werden[7].

II. Die Bedeutung der Zweckbestimmungen

1. Die Zweckbestimmung als Entscheidungs- und Kontrollinstrument

Wie bereits die Maßnahmegesetze sind auch die Sozialstaatsgesetze konditional programmiert, denn der Gesetzgeber regelt in ihnen detailliert, welche Maßnahmen eingesetzt werden sollen, um das Ziel zu erreichen. Demnach können die vorher erarbeiteten Ergebnisse bezüglich der Funktion von Zweckbestimmungen in Konditionalprogrammen ent-

---

[4] Thomandl, Der Einbau sozialer Grundrechte in das positive Recht, S. 9 f.; vgl. weiterhin Forsthoff, Begriff und Wesen des sozialen Rechtsstaates VVDStRL 12, S. 8 ff. (S. 10); Herzog, Allgemeine Staatslehre S. 384 ff.; Haines, Soziale Rechte S. 62.
[5] Begründung zum SGB, BT-Drucksache 7/868 S. 20.
[6] Eine Vermutung, daß diese Leitideen von parlamentarischen Gruppen artikuliert würden, die sonst wenig politischen Einfluß ausüben, erwies sich als nicht haltbar.
[7] Bundestagsdrucksache 7, 868, §§ 2 bis 10, S. 4 f.

sprechend herangezogen werden: Die wichtigste Bedeutung kommt ihnen bei der Anwendung einzelner Normen, bei der Auslegung in Zweifelsfällen und bei der Kontrolle der abgeleiteten Ergebnisse zu.

Es wurde bereits ausgeführt, daß Einzelvorschriften oft nicht allein aus sich heraus interpretiert werden können, sondern im systematischen und wertungsmäßigen Zusammenhang mit anderen Normen und hier besonders mit den Leitgedanken als tragenden Grundsätzen analysiert werden müssen. Diese Leitideen zeichnen durch ihre allgemeine, aber umfassende Aussage das System der sozialen Sicherung auf, machen es transparent und erhellen auf diese Weise die Hintergründe einzelner Normen. Damit entlasten sie Verwaltung und Justiz von der Suche nach teleologischen Erwägungen; jene können sich jetzt auf die von der Legislative entwickelten Grundideen beziehen. Zugleich tragen sie dazu bei, Wertungswidersprüche und daraus folgend eine uneinheitliche Anwendung des geltenden Sozialrechts zu vermeiden[8].

In diesem Zusammenhang stellt sich die Frage, ob ihre Aussagen nur für die Normen des speziellen Gesetzes oder auch für andere Normen aus dem Sozialbereich überhaupt relevant werden können. Geht man davon aus, daß jede Leitvorschrift für sich die Sozialstaatlichkeitsklausel des GG konkretisiert, indem sie sie von einem besonderen Blickwinkel her erhellt, so stellt sie sich als ein Partikel in einem übergeordneten Ganzen dar, als ein Aspekt eines homogenen Wertsystems. Folglich können diese Vorschriften in keinem widersprüchlichen Verhältnis stehen, sondern einander nur ergänzen. Deshalb sollten zur Verdeutlichung des Sozialstaatscharakters in Zweifelsfragen mehrere oder alle Vorschriften herangezogen werden[9].

2. Die Zweckbestimmung als Orientierungshilfe für den Bürger

Klare Leitlinien tragen zum Verständnis des Bürgers für seine soziale Stellung und deren Sicherung bei[10]. Oft werden Sozialleistungen nicht automatisch von Amts wegen erbracht, sondern sie bedürfen der Mitwirkung des Leistungsberechtigten. Eine Initiative kann aber nur entfalten, wer das Leistungsangebot wenigstens in groben Zügen kennt. Diese Informationen verschaffen die Gesetzeseinleitungen; sie erleichtern damit dem Bürger den Zugang zum Sozialrecht. Andererseits kann der ansonsten Rechtsunkundige leicht zu Fehlschlüssen verleitet wer-

---

[8] Zum Problem der Rechtsunsicherheit vgl. Bericht der Sozialenquête-Kommission, S. 107 ff.
[9] Insoweit besteht ein Unterschied zu den axiomatisch gesetzten Zweckbestimmungen der Maßnahmegesetze.
[10] Siegers, Die Kodifizierung des Sozialrechts, S. 42.

den[11]. Eine lapidare Maxime wie in § 1 Bundesausbildungsförderungsgesetz „Auf individuelle Ausbildungsförderung besteht für eine der Neigung, Eignung und Leistung entsprechende Ausbildung ein Rechtsanspruch..." könnte man als generell anspruchsbegründende Norm auffassen. Dagegen spricht jedoch die sich anschließende Aussage „...ein Rechtsanspruch nach Maßgabe dieses Gesetzes...", die die Ausbildungsförderung an die im einzelnen normierten Voraussetzungen bindet. Im übrigen wäre es widersinnig, wenn man die genau abwägenden und differenzierenden Einzelvorschriften durch einen allgemeinen Anspruch überrollen und faktisch außer Kraft setzen wollte[12]. Um solche Interpretationsschwierigkeiten zu vermeiden, legt § 2 des SGB für die „sozialen Rechte" ausdrücklich fest, daß aus ihnen nur Ansprüche insoweit geltend gemacht werden können, als deren Voraussetzungen und Inhalt durch die Vorschriften der besonderen Teile dieses Gesetzbuches im einzelnen bestimmt sind.

Trotzdem sind diese Zweckbestimmungen grundsätzlich geeignete Orientierungshilfen für den Bürger, um seine Rechte zu erkennen und geltend zu machen.

3. Die Zweckbestimmung als Träger rechtspolitischer Aufgaben

Neben der „juristischen" Funktion für Verwaltung und Justiz und der didaktischen für den rechtsunkundigen Bürger erfüllen diese Zweckbestimmungen rechtspolitische Aufgaben. So waren sie die Wegbereiter für die „sozialen Rechte" im Allgemeinen Teil des neuen SGB[13]. Als Leitideen stellen sie gleich Kristallisationskernen die Grundlage für eine systematische Gesetzesentwicklung im Sozialrecht dar[14]. Umgekehrt werden sie den Gesetzgeber immer wieder anregen, nachzuprüfen, ob sie noch aktuell sind oder neu gefaßt werden müssen. Damit tragen sie zur inhaltlichen Konkretisierung dessen bei, was als „sozial" zu verstehen ist und leisten einen Beitrag zur Verwirklichung des Sozialstaates[15].

---

[11] Doetsch, Das Sozialgesetzbuch — aus der Sicht der Arbeitgeber, S. 176.
[12] Jantz u. Hauck, Der allgemeine Teil des Sozialgesetzbuches, Bundesarbeitsblatt 72, S. 490; v. Maydell, Auf dem Weg zu einem besseren Sozialrecht, ZRP 73, 119; Haines, S. 65; Riedel, Jugendwohlfahrtsgesetz, § 1 S. 61; a. A. wohl Denninger in Gutachten „Jugendfürsorge und Grundgesetz".
[13] Begründung zum Entwurf des SGB; BT-Drucksache 7/68 S. 21.
[14] Zacher, S. 61; Jantz u. Hauck, S. 490.
[15] Haines, S. 67.

11. Abschnitt

Zweckbestimmungen in Organisationsgesetzen

I. Erläuterung des Gesetzestypus „Organisationsgesetz" und Beschreibung der darin auftretenden Zweckbestimmungen

Eine Gruppe von Gesetzen normiert die ämter- und behördenmäßige Gestaltung des Staates. Sie ordnet den strukturellen Aufbau der Verwaltung, grenzt ihre Kompetenzen gegeneinander ab und regelt das Zusammenwirken der verschiedenen Träger der Staatsgewalt organisatorisch[1]. Diese Gesetze werden als „Organisationsgesetze" bezeichnet. Sie machen einen großen Teil der Normsetzung aus, insbesondere liegt hier ein Schwerpunkt der Landesgesetzgebung[2]. Nach einer von Ellwein/ Görlitz durchgeführten Untersuchung über Bundes- und Landesgesetze aus den Jahren 1963/1964 stammte etwa ein Drittel der in diesem Zeitraum erlassenen Gesetze aus dem Organisationsbereich[3,4].

Soweit diese Gesetze die Errichtung von Organisationseinheiten (Behörden, Anstalten, Körperschaften und Stiftungen) zum Gegenstand haben, sind sie durchweg mit einer Zweckbestimmung versehen. Diese gliedert die jeweilige Verwaltungsinstitution final und integrativ in das übergeordnete Sozialsystem ein und regelt das Handeln des Aufgabenträgers, indem sie seine Funktionen, d. i. Aufgabeninhalt und- umfang festlegt.

Die Notwendigkeit ihrer Existenz läßt sich damit begründen, daß jede geschaffene Ordnung sich durch eine bestimmte zweckhafte Struktur ausdrücken muß[5]. Wie jede andere Organisation dient die öffentliche Verwaltung dazu, Ziele zu realisieren, sie ist zweckhaft angelegt. Des-

---

[1] Forsthoff, Lehrbuch des Verwaltungsrechts, S. 401.

[2] Hohrmann, Bundesgesetzliche Organisation landesunmittelbarer Selbstverwaltungskörperschaften, S. 51 ff.

[3] Ellwein / Görlitz, Parlament und Verwaltung, S. 146.

[4] Der vieldiskutierten Frage, ob Organisationsregelungen Gesetze im formellen oder materiellen Sinn oder überhaupt Gesetze seien, braucht hier nicht nachgegangen zu werden, da diese Problematik nur für die Auseinandersetzung um den Gesetzesbegriff Bedeutung erlangt. Ausführlich hierzu Rasch, Die staatliche Verwaltungsorganisation, S. 116.

[5] Meyers Handbuch über die Wirtschaft; Artikel: Organisation S. 55 und Stichwort „Organisation" S. 967.

I. Erläuterung des Gesetzestypus „Organisationsgesetz"

halb steht in der Rechtswissenschaft außer Zweifel, daß als eine Voraussetzung für die Errichtung von Behörden ihr Zweck, ihre sachliche Kompetenz bestimmt sein muß[6].

Der Zweck wird entweder allgemein beschrieben wie z. B. im § 3 des Gesetzes über die Deutsche Bundesbank[7]: „Die deutsche Bundesbank regelt... den Geldumlauf und die Kreditversorgung der Wirtschaft mit dem Ziel, die Währungen zu sichern..." Meistens jedoch werden unbestimmte Zweckformulierungen durch ausführliche Aufgabenkataloge erläutert, als Beispiel soll das Gesetz über Maßnahmen zur Förderung des deutschen Films[8] dienen.

§ 1
Filmförderungsanstalt

(1) Zur wirtschaftlichen Förderung des deutschen Films wird eine bundesunmittelbare rechtsfähige Anstalt des öffentlichen Rechts mit dem Namen „Filmförderungsanstalt" (Anstalt) errichtet.

(2) Die Anstalt hat ihren Sitz in Berlin.

Die knappe Zweckbestimmung wird in § 2 durch eine ausführliche Aufgabenaufzählung ergänzt:

§ 2
Aufgaben der Anstalt

(1) Die Anstalt hat die Aufgabe,
1. die Qualität des deutschen Films auf breiter Grundlage zu steigern; die dafür vom Deutschen Bundestag jährlich zur Verfügung gestellten Haushaltsmittel im Bereich des Films sollen eine sinnvolle Ergänzung bilden;
2. deutsch-ausländische Gemeinschaftsproduktionen zu unterstützen;
3. die Bundesregierung bei der Harmonisierung der Maßnahmen auf dem Gebiet des Filmwesens innerhalb der Europäischen Wirtschaftsgemeinschaft (EWG) im Sinne gleicher Wettbewerbsvoraussetzungen zu beraten;
4. die gesamtwirtschaftlichen Belange der Filmwirtschaft zu unterstützen;
5. die Zusammenarbeit zwischen Film und Fernsehen unter Berücksichtigung der besonderen Lage des deutschen Films zu pflegen;
6. für die Verbreitung und marktgerechte Auswertung des deutschen Films im In- und Ausland zu wirken.

(2) Die Anstalt gewährt Förderungshilfen
1. an Produzenten zur Herstellung deutscher Filme,

---

[6] So bereits F. Schmidt, Die Errichtung und Einrichtung der Staatsbehörden nach preußischem Recht (1905), S. 6 f.; Hohrmann, S. 53.
[7] Vom 26. 7. 1957, BGBl. I S. 745.
[8] Vom 22. 12. 1967, BGBl. I S. 1352.

2. an Filmtheaterbesitzer zur Erneuerung und Verbesserung der technischen Anlagen und der Ausstattung in Filmtheatern,

3. an Einrichtungen zur Werbung für den deutschen Film im In- und Ausland.

(3) Die Anstalt erwirbt die Fernsehnutzungsrechte für das Gebiet der Bundesrepublik Deutschland einschließlich des Landes Berlin aller nach diesem Gesetz geförderten Spielfilme. Im Falle einer Übertragung dieser Rechte an die deutschen Rundfunkanstalten sind die Interessen der Filmwirtschaft mit denen der Rundfunkanstalten zu koordinieren.

(4) Die Anstalt stellt im Rahmen von Richtlinien über die Gewährung von Förderungshilfen sicher, daß bei der Verwendung der Förderungshilfen die Grundsätze sparsamer Wirtschaftsführung beachtet werden.

II. Die Bedeutung dieser Zweckbestimmungen

1. Die Zweckbestimmung als Entscheidungs- und Kontrollinstrument

Anhand des obigen Beispiels soll zuerst untersucht werden, inwieweit die Zweckbestimmungen in Organisationsgesetzen Entscheidungs- und Kontrollinstrumente der Staatsbürokratie darstellen.

a) Laut Gesetzestext wurde die Filmförderungsanstalt errichtet, um der wirtschaftlichen Förderung des deutschen Films zu dienen (§ 1), die einzelnen Aufgaben bestimmt § 2. Beide Normen könnten insgesamt ein Entscheidungsprogramm in der Form eines Zweckprogrammes mit seinen vorher erläuterten Eigenschaften darstellen, wenn mit seiner Hilfe über Filmförderungsmöglichkeiten, über die Höhe der Förderungsbeträge, über einzelne Voraussetzungen usw. entschieden würde. Tatsächlich aber regeln die §§ 7 bis 11 und § 13 dieses Gesetzes den vorliegenden Problemkreis in etwa 350 Textzeilen ausführlich und abschließend. Sie bestimmen genau, unter welchen Voraussetzungen Förderungshilfe gewährt wird. Mithin liegt ein konditional programmiertes Gesetz vor, das die Handlungsmöglichkeiten der Filmförderungsanstalt detailliert festlegt und damit andere — an sich geeignete — Maßnahmen ausschließt. Diese Funktion des Konditionalprogrammes, im enumerativen Verfahren nicht aufgezählte Möglichkeiten von vornherein zu verwerfen und so das Schweigen des Gesetzgebers als Aussage zu werten, wird in manchen Organisationsgesetzen expressis verbis unterstrichen. So heißt es in § 3 des Gesetzes über die Deutsche Genossenschaftskasse[9]: „Im Rahmen der in § 2 festgelegten Begrenzungen (das sind die Aufgaben, der Verf.) darf die Genossenschaftskasse folgende Geschäfte betreiben: 1. verzinsliche Darlehen gewähren..." Hier wird ausdrücklich klargestellt, daß andere Möglichkeiten als die aufgezählten nicht in Betracht kommen.

---

[9] Vom 28. 10. 1954, BGBl. I S. 329.

II. Bedeutung dieser Zweckbestimmungen

Die Funktion von Zweckbestimmungen im Konditionalprogramm wurde bereits beim Maßnahmegesetz untersucht und gilt hier entsprechend, der Gesetzeszweck dient in erster Linie der Normanwendung und -auslegung in Zweifelsfällen.

Die für das Filmförderungsgesetz abgeleiteten Ergebnisse lassen sich auf alle Organisationsgesetze übertragen, denn alle sind gleichermaßen konditional programmiert. Dies entspricht den rechtsstaatlichen Erfordernissen. Wären sie zweckprogrammiert, so könnte die Verwaltung eine theoretisch unbegrenzte Zahl von Mitteln heranziehen, um das ihr gesetzte Ziel zu erreichen. Ein rücksichtsloser Zweckopportunismus würde aber letztlich zur Omnipotenz jeder Verwaltungseinheit führen, zu einem Zustand, in dem sich Staat und Verwaltung im 18. Jahrhundert befanden und der im Widerspruch zu den Prinzipien der Rechtsstaatlichkeit steht.

Die Verwaltungslehre[10] unterscheidet in Organisationsgesetzen zwischen Aufgaben- und Befugnisnormen und gelangt bezüglich deren Rechtswirkung zum gleichen Ergebnis. Die Aufgabennormen legen eine Verwaltungsaufgabe verbindlich fest, ohne damit zugleich die Verwaltung zu einem bestimmten Handeln zu ermächtigen. Sie schaffen mithin keine Rechtsgrundlage, sondern stecken nur den Rahmen ab, innerhalb dessen sich eine bestimmte Behörde, gestützt auf Befugnisnormen entfalten kann. Begründet wird diese Differenzierung damit, daß es heute entwicklungsgeschichtlich wie auch rechtslogisch gesehen als unzulässig erscheine, Rechtssätze, die lediglich eine Staats- oder Verwaltungsaufgabe umschreiben, in Ermächtigungsnormen für bestimmte Staats- oder Verwaltungsorgane umzudeuten.

b) Eine weiter reichende Bedeutung könnte der gesetzlichen Zweckbestimmung beim Erlaß allgemeiner Verwaltungsvorschriften zukommen, die ein dienstliches Verhalten zum Gegenstand haben und ergänzend neben die Rechtsnormen treten. Diese Vorschriften besitzen nur interne Verbindlichkeit und bedürfen zu ihrem Erlaß keiner verfassungsrechtlichen Ermächtigung[11]; das Recht hierzu ergibt sich aus der allgemeinen Hoheitsgewalt der Verwaltung[12]. Das gleiche gilt für Einzelanweisungen im verwaltungsinternen Bereich, etwa die Anweisung, Maschinen zu erneuern. Auch hier ist keine besondere Ermächtigung erforderlich[13]. Trotzdem kann das erlassene Organ nicht willkürlich frei

---

[10] H. J. Wolff, Verwaltungsrecht I, § 30 III 3; Forsthoff, Lehrbuch des Verwaltungsrechts, S. 435; Bay. VGH Verw. Rspr. Bd. 3 (1951), S. 597; Rasch, S. 23 ff.
F. Mayer, Das Opportunitätsprinzip in der Verwaltung, S. 21 ff.
[11] Das GG enthält derartige Ermächtigungen in Art. 84 Abs. 2, Art. 85 Abs. 2 S. 1 und Art. 86 Satz 1.
[12] Forsthoff, Lehrbuch des Verwaltungsrechts, S. 141.
[13] Ule, Verwaltung, S. 260 f.

handeln, sondern muß innerhalb der ihr rechtlich zugewiesenen Zwecke bleiben. Liegt eine Maßnahme außerhalb dieses Bereiches, so ist sie fehlerhaft[14]. Damit wird die Zweckbestimmung zum zweckprogrammierten Entscheidungsinstrument für alles Verwaltungshandeln, das nicht unter dem Gesetzesvorbehalt steht, das nicht konditional programmiert ist.

So ist bereits im Organisationsgesetz die in der gesamten Verwaltung vorzufindende Zusammensetzung aus Konditionalprogrammen und Zweckprogrammen angelegt[15], die nebeneinander und ineinander geschachtelt die Prämissen des laufenden Entscheidungsprozesses definiert[16].

2. Die Zweckbestimmung als Hilfsmittel der Kompetenzabgrenzung

Eine weitere Funktion dieser Zweckbestimmungen ist darin zu sehen, daß sie bei einer eindeutigen Definition der Aufgaben und Befugnisse eine klare Kompetenzverteilung zwischen den einzelnen Trägern staatlicher Gewalt gewährleisten[17]. Indem sie einer Organisationseinheit Umfang und Inhalt ihres Wirkungsbereiches vorschreiben, grenzen sie sie von anderen öffentlichen Verwaltungsträgern ab. Durch diese Trennung wird Übersichtlichkeit über das staatliche Funktionssystem und sein Zusammenspiel gewonnen, was zu einem ausgewogenem Verhältnis von Hemmung und Konzentration der Staatsgewalt führt[18]. Fehlen dagegen die Abgrenzungen, so sind Kompetenzstreitigkeiten, Doppelarbeit und andere Unzuträglichkeiten bis zur Lähmung der staatlichen Verwaltungsorganisation die notwendige Folge[19]. Zugleich bedeutet die Aufspaltung der staatlichen Gewalt Rationalisierung der Macht[20]. Im Gegensatz zum Polizeistaat, wo der Bürger einer allmächtigen Obrigkeit gegenüber stand, ist der Rechtsstaat unter anderem dadurch gekennzeichnet, daß er die Ausübung staatlicher Gewalt regelt[21]. Das geschieht nicht zuletzt durch die zweckbestimmenden Organisationsformen, die die staatlichen Machtstrukturen vorzeichnen und deren Handeln damit voraussehbar machen. Sie tragen mithin dazu bei, die demokratische und rechtsstaatliche Forderung nach Transparenz der Staatsgewalt zu erfüllen.

---

[14] Mayer, S. 25; Rasch, S. 159.
[15] Nach Luhmann, Recht und Automation in der Verwaltung, S. 38, überwiegen dabei die Konditionalprogramme.
[16] Luhmann, Politische Planung, S. 174.
[17] Maunz - Dürig, Grundgesetz, Art. 84 Rd. 20 und Art. 86 Rd. 16.
[18] Starck, S. 227.
[19] OVG Lüneburg, DÖV 1960, S. 138.
[20] Ehmke, Grenzen der Verfassungsänderung, S. 122.
[21] Rasch, S. 117; Hesse, K., Der Rechtsstaat im Verfassungssystem des GG, S. 71 f.

3. Die Zweckbestimmung als Orientierungshilfe für den Bürger

Schließlich erlangen die Zweckbestimmungen dieser Gruppe auch für den Bürger insoweit Bedeutung, als er aus ihnen erfahren kann, welchen Aufgabenkreis eine bestimmte Behörde wahrnimmt und damit, wo Rechte gegen die öffentliche Hand geltend gemacht werden bzw. wo die dem Staat gegenüber obliegenden Pflichten erfüllt werden müssen.

12. Abschnitt

Die Gruppe der Präambeln

Zum Abschluß soll die Bedeutung der Präambel im einfachen Gesetz erörtert werden; die Präambeln der Verfassungen und der völkerrechtlichen Verträge bleiben hier außer Betracht[1].

Als Präambel bezeichnet man herkömmlich die Einleitungssätze vor Gesetzen, die in betont feierlicher Form besondere sittliche Wertentscheidungen oder Grundüberzeugungen als tragende Leitgedanken aussprechen und denen der Gesetzgeber eine für Volk und Staat außergewöhnliche politische Bedeutung beimißt[2]. Entgegen einer früher vertretenen Meinung, daß die Präambel (der Vorspruch, die Eingangs- oder Einleitungsformel) eines Gesetzes nicht zu dessen Inhalt gehöre und deshalb für seine Betrachtung und Bewertung gleichgültig sei, hat sich inzwischen allgemein die Auffassung durchgesetzt, die Präambel als Bestandteil des Gesetzes anzusehen[3].

In der nachkonstitutionellen Gesetzgebung des Bundes wurden — soweit ersichtlich — nur acht Präambeln formuliert[4], zuletzt im Jahre 1965 im Haushaltssicherungsgesetz[5]. Vermutlich hat der Gesetzgeber diese Form gewählt, um die für ihn grundlegenden Aussagen besonders hervorzuheben und zu betonen.

Andererseits spiegelt die geringe Verwendung die untergeordnete Bedeutung wider, die diesem Gesetzestypus in unserem Rechtssystem zukommt. Als Relikt einer früheren Gesetzgebungspraxis ist er heute ver-

---

[1] Vgl. 1. Abschnitt, Anmerkung 14.

[2] BGH, NJW 62, 193, 195; Müller, Handbuch der Gesetzgebungstechnik, S. 36; Blessin - Elwig - Wilden, BEG-Kommentar, S. 201.

[3] Mangoldt - Klein, Das Bonner Grundgesetz, S. 40.

[4] Gesetz zur Sicherung und Erleichterung der Aufgaben der Kommission der Vereinten Nationen in Deutschland vom 4. 4. 1952, BGBl. I S. 228; Gesetz über den Lastenausgleich vom 14. 8. 1952, BGBl. I S. 446; Gesetz über den Tag der deutschen Einheit vom 4. 8. 1953, BGBl. I S. 778; Bundesergänzungsgesetz zur Entschädigung für die Opfer der nationalsozialistischen Verfolgung vom 18. 9. 1953, BGBl. I S. 1387; Gesetz zur Erhebung einer Abgabe „Notopfer Berlin" vom 26. 10. 1953, BGBl. I S. 1479; Bundesentschädigungsgesetz vom 29. 6. 1956, BGBl. I S. 562; Haushaltssicherungsgesetz vom 20. 12. 1965, BGBl. I S. 2065.

[5] Vgl. aber die Erweiterung der Präambel in der Neufassung des LAG, Beispiel 10.

altet und wird kaum noch verwendet. Seine Funktionen als Träger fundamentaler Entscheidungen werden jetzt von den verschiedenen Zweckbestimmungen, von den Gesetzesbegründungen und schließlich vom GG selbst wahrgenommen.

Demnach wäre es verfehlt, Präambeln nach modernen Gesichtspunkten zu beurteilen und eine besondere Bedeutung je nach Struktur und Aussage in sie hineinzulegen; vielmehr muß die historisch gewachsene und heute herrschende Meinung übernommen werden, wonach sie deklaratorischer Natur sind und nur zur Auslegung ihres Gesetzes herangezogen werden können[6]. Hiernach begründet die Präambel für sich keine Rechtsfolgen, sondern stellt lediglich klar, wie das Gesetz aufzufassen ist; dabei ist bei mehreren möglichen Gesetzesauslegungen derjenigen der Vorzug zu geben, die der Präambel entspricht[7]. Eine faktische Wirkung kommt ihr dann zu, wenn sie zu erkennen gibt, wie der Gesetzgeber gewisse historische Ereignisse bewertet[8].

---

[6] Glessin - Ehrig - Wilden, S. 201; Schulze - Brachmann, LAG-Kommentar, S. 29; Mangoldt - Klein, S. 40; Brunn - Hebenstreit, BEG-Kommentar, S. 3.
[7] BGH, RzW 55, S. 55; BGH, RzW 59, S. 215.
[8] So sieht van Dam, Das Bundesentschädigungsgesetz, S. 17, in der Präambel zum BEG eine Bedeutung insoweit, als hier der Standpunkt der Rechtsordnung verbindlich festgelegt wird, daß der Widerstand gegen die nationalsozialistische Gewaltherrschaft rechtens war.

13. Abschnitt

Ergebnis der Untersuchung

1. Die dualistische Lehre vom formellen und materiellen Gesetzesbegriff entwickelte die Auffassung, daß diejenigen Gesetzesbestandteile, die politische, soziale oder ethische Ansichten artikulieren, als unverbindliche Empfehlungen, Beteuerungen und Programme rechtlich irrelevant seien; diese Auffassung ist heute veraltet.

2. Einen gegensätzlichen Standpunkt bezog die zeitgenössische Literatur zu den Vorsprüchen der nationalsozialistischen Gesetze. Sie ging von dem Denkansatz aus, daß über dem positiven Gesetz ein allgemeines Recht stehe, das ungeschriebene Lebensrecht des Volkes. Dieses „Recht" konkretisiere sich in den Vorsprüchen. Dogmatisch wurden die Vorsprüche zwischen der nationalsozialistischen Ideologie und den positiven Normen eingeordnet, höherwertig als die Einzelbestimmungen der Gesetze. Das Reichsgericht ist der Literatur nicht gefolgt, es hat die Vorsprüche als Hilfsmittel zur Auslegung angesehen.

3. Die nachkonstitutionellen Zweckbestimmungen, die sich ausschließlich in Gesetzen finden, die zum öffentlichen Recht gehören, bilden unterschiedliche Typen aus. Inhaltlich können sie entweder eine ethische Wertentscheidung aufzeigen oder politische Aussagen treffen, die Motive und Ziele des Gesetzgebers erläutern, die zum Erlaß des Gesetzes führten oder sich darauf beschränken, den Inhalt des nachfolgenden Gesetzes wiederzugeben. Manche Aussagen sind knapp formuliert, andere argumentieren ausführlich. Ihre Sprache kann feierlich eindringlich sein, populär oder fachspezifisch ausgerichtet.

4. Die Frage nach dem Grund ihrer Existenz muß für die einzelnen Gruppen unterschiedlich beantwortet werden. Bei den Ermächtigungsgesetzen sind sie wegen Art. 80 GG formal erforderlich; bei den Programmgesetzen ergibt sich ihre Notwendigkeit aus der Natur der Planung; Zweckbestimmungen in Organisationsgesetzen sind logisch unumgänglich, weil eine geschaffene Ordnung sich durch eine zweckhafte Struktur ausdrücken muß. Zudem stellen alle drei Gruppen Zweckprogramme dar, in denen ein Zweck zwangsläufig statuiert sein muß.

Die Zweckbestimmungen der Sozialstaatsgesetze werden vom Gesetzgeber gewohnheitsmäßig artikuliert. Bei den Maßnahmegesetzen, wo sie unregelmäßig auftreten, sind sie nur dann unentbehrlich, wenn sonst eine systematische Einordnung des Gesetzes nicht möglich wäre; im übrigen beruhen sie auf freier gesetzgeberischer Entscheidung.

5. Alle Zweckbestimmungen stellen wertende Aussagen dar, indem sie vorab entscheiden, welche Handlungen vorzuziehen und welche Ziele anzustreben sind. Insoweit müssen sie als vom Gesetzgeber verbindlich getroffene materiale Wertentscheidung angesehen werden, als positivierte ratio legis, die nicht mehr zur richterlichen Disposition steht.

Das bedeutet zum einen eine Erleichterung im Rechtsfindungsprozeß. Die Rechtsprechung bedarf der teleologischen Erkenntnisse bei der Norminterpretation, bei der Lückenausfüllung und bei der abschließenden Richtigkeitskontrolle; der Gesetzeszweck kann erforderlich sein zur Bestimmung des Adressatenkreises, für den das Gesetz gelten soll sowie zur Abgrenzung des Aufgabengebietes, das das Gesetz regelt. Besonders wichtig wird er als Ermessensschranke, da vom Ermessen nur in einer dem Zweck der Ermächtigung entsprechenden Weise Gebrauch gemacht werden darf. Hierfür leisten die Zweckbestimmungen wertvolle Dienste. Sie entlasten den Richter von der Aufgabe, Sinn und Zweck des speziellen Gesetzes selbst ableiten zu müssen, er kann auf den bereits verbalisierten Gesetzeszweck zurückgreifen.

Zum anderen bewirkt die Existenz einer Zweckbestimmung eine Verobjektivierung des Rechtsfindungsprozesses im Sinn einer besseren Berechenbarkeit der Entscheidung, denn ein vorgegebener Gesetzeszweck, der Verbindlichkeit beansprucht, verhindert die in der Praxis gelegentlich auftretenden unterschiedlichen Ergebnisse bei der Bestimmung der ratio eines Gesetzes und die daraus resultierenden unterschiedlichen Ergebnisse in den Gerichtsentscheidungen.

Doch stellt die Zweckbestimmung kein Patentrezept dar, das alle diesbezüglich auftretenden Probleme löst. Es ist praktisch unmöglich, sämtliche Erwägungen, die zum Erlaß des Gesetzes führen und für eine Interpretation Bedeutung erlangen können, einschließlich des gesamten inner- und außerjuristischen Wertsystems in wenigen Worten oder Sätzen zusammenzufassen. Die Rechtsprechung wird von der Aufgabe, den Normzweck selbst zu ergründen, nur insoweit entbunden, als er in der Zweckbestimmung eindeutig und abschließend artikuliert ist.

6. Die Zweckbestimmungen sind notwendige Bestandteile in einem normativen Entscheidungsprogramm, dem Zweckprogramm. Hier dient der Zweck als Leitfaden für die Auswahl geeigneter Mittel, programminterne und -externe Nebenbedingungen stellen zusätzliche Anforderungen an die in Frage kommenden Lösungsmöglichkeiten und schränken damit die Auswahl ein. Bei diesem Programmtyp wird der Ent-

scheidungsprozeß des Anwenders zwar in Grenzen gefaßt, aber nicht völlig determiniert, denn ihm bleibt die freie Wahl zwischen mehreren sachlich gleichwertigen Möglichkeiten. Diese zweckorientierte Entscheidungsfreiheit wird den Adressaten der Ermächtigungsgesetze bezüglich der Rechtsverordnungen, den Adressaten von Programmgesetzen bezüglich der hier vorgesehenen Maßnahmen und den Verwaltungsbehörden für ihr Handeln im gesetzesfreien Gestaltungsbereich eingeräumt.

Die abgeleiteten Ergebnisse können nur daraufhin nachgeprüft werden, ob die Grenzen des Programms eingehalten wurden, sie sind nur beschränkt justitiabel.

7. Aufklärende Aussagen über die Zielrichtung des Gesetzes können dem Bürger den Zugang zum Recht erleichtern. Insbesondere im Sozialrecht stellen die Zweckbestimmungen Orientierungshilfen für ihn dar, um seine soziale Stellung und deren Sicherung zu erkennen. Andererseits beinhalten gerade sie die Gefahr, daß sie wegen ihrer individualrechtlich formulierten Aussage vorschnell als subjektive öffentliche Rechte verstanden werden[1].

Eine darüber hinausgehende sozialisierende und erzieherische Funktion läßt sich bei ihnen nicht nachweisen. Sie vermitteln weder Gedächtnishilfen im Sinne von Rechtssprichwörtern, noch sind es Überzeugungsmittel des Gesetzgebers, um soziales Verhalten zu beeinflussen.

8. Zusätzlich erfüllen Zweckbestimmungen rechtspolitische Aufgaben als politische Informationsträger. Neben den herkömmlichen Aufgaben (z. B. Schutz-, Abwehr- und Rechtssicherheitsfunktion) gewinnt das Gesetz als Mittel der politischen Lenkung und Information an Bedeutung. Hier sind gerade die Zweckbestimmungen geeignet, die politischen Grundsatzentscheidungen, auf denen das Gesetz beruht, offenzulegen. So konkretisieren sie im Sozialrecht verbindlich, was als „sozial" zu verstehen ist und fördern damit die sozialstaatliche Entwicklung in der Bundesrepublik Deutschland.

---

[1] An dieser Stelle sei nochmals darauf hingewiesen, daß im Rahmen der vorliegenden Untersuchung nur die typischen Funktionen der Zweckbestimmungen erarbeitet wurden. Die Bedeutung einer einzelnen Vorschrift muß sich hierin nicht erschöpfen. Doch handelt es sich dann um Rechtswirkungen, die einer globalen Analyse nicht zugänglich sind, sondern der Auslegung der konkreten, individuellen Norm im Kontext ihres Gesetzes vorbehalten bleibt.

Literaturverzeichnis

Achterberg, Norbert: Kriterien des Gesetzesbegriffs unter dem Grundgesetz, in: DÖV 73, 289 ff.

Anderegg, Ilse: Wohngeldgesetz. Göttingen 1965.

Ballerstedt, Kurt: Über wirtschaftliche Maßnahmegesetze, in: Festschrift für Schmidt-Rimpler, S. 369 ff. Karlsruhe 1957.

Bartholomeyczik, Horst: Die Kunst der Gesetzesauslegung. 4. Aufl. Frankfurt 1957.

Bartlsperger, Richard: Die Bauleitplanung als Reservat des Verwaltungsstaates, in: DVBl. 67, S. 360 f.

Benda, Ernst: Rechtspolitische Grundsätze und Vorschläge für die 6. Legislaturperiode, in: ZRP 69, S. 210.

Böckenförde, Ernst-Wolfgang. Gesetz und gesetzgebende Gewalt. Von den Anfängen der deutschen Staatsrechtslehre bis zur Höhe des staatsrechtlichen Positivismus. Schriften zum öffentlichen Recht. Bd. 1, Berlin 1958.

Bonner Kommentar. Kommentar zum Bonner Grundgesetz, Stand: März 1973, Hamburg.

Breuer, Rüdiger: Die hoheitliche raumgestaltende Planung. Wirkungsbereich und Zusammentreffen von Planfeststellungen, fachlichen Nutzungsregelungen, Bauleitplänen und Plänen der Raumordnung. Bonner Rechtswissenschaftliche Abhandlungen, Bd. 80, Bonn 1968.

— Selbstbindung des Gesetzgebers durch Programm- und Plangesetze, in: DVBl. 70, S. 101.

Brie, S.: Zur Theorie des constitutionellen Staatsrechts, in: AöR 4. Bd. (1889), S. 1 ff.

Brügelmann, Hermann; *Grauvogel*, Gustav: Kommentar zum Bundesbaugesetz. Stand Sept. 1972, Stuttgart, Berlin.

Brunn, Walter: Bundesentschädigungsgesetz in der Fassung des 2. Änderungsgesetzes (BEG-Schlußgesetz) Kommentar von Walter Brunn, Richard Hebenstreit unter Mitwirkung von Heinz Klee. Berlin 1965.

Bullinger, Martin: Öffentliches Recht und Privatrecht. Studien über Sinn und Funktionen der Unterscheidung, Res publika Bd. 17, Stuttgart 1968.

Canaris, Klaus-Wilhelm: Die Feststellung von Lücken im Gesetz. Eine methodologische Studie über Voraussetzungen und Grenzen der richterlichen Rechtsfortbildung praeter legem. Schriften zur Rechtstheorie, Bd. 3, Berlin 1964.

Creifelds, Carl: Rechtswörterbuch. 2. Aufl. München 1970.

Dam, Hendrik George van: Das Bundesentschädigungsgesetz, Bundesergänzungsgesetz zur Entschädigung für Opfer der nationalsozialistischen Verfolgung, Düsseldorf 1953.

Denninger, Erhard: Gutachten „Jugendfürsorge und Grundgesetz", in: Peter Brosch, Fürsorgeerziehung, Frankfurt 1971.

Dietze, Hans-Helmut: Der Gesetzesvorspruch im geltenden deutschen Reichsrecht. Berlin, Wien 1939.

Doetsch, Werner: Das Sozialgesetzbuch — aus der Sicht der Arbeitgeber, in: Das neue Sozialgesetzbuch, S. 17 ff., Frankfurt 1972.

Ehmke, Horst: Grenzen der Verfassungsänderung, Berlin 1953.

Eichler, Hermann: Gesetz und System, Berlin 1970.

Eisele, Friedrich: Unverbindlicher Gesetzesinhalt, in: AcP 69. Bd. (n. F. 19. Bd., 1886) S. 275 ff.

Ellwein, Thomas; *Görlitz*, Axel: Parlament und Verwaltung, 1. Teil, Gesetzgebung und politische Kontrolle. Stuttgart, Berlin 1967.

Ernst, Werner; *Zinkahn*, Willy; *Bielenberg*, Walter: Bundesbaugesetz, Kommentar. Stand: 1. April 1973, München, Berlin 1965.

Esser, Josef: Grundsatz und Norm in der richterlichen Fortbildung des Privatrechts. Rechtsvergl. Beiträge zur Rechtsquellen- und Interpretationslehre. Tübingen 1956.

— Vorverständnis und Methodenwahl in der Rechtsfindung, 2. Aufl. Frankfurt 1972; zitiert als „Vorverständnis und Methodenwahl".

Eyermann - Fröhler: Verwaltungsgerichtsordnung, Kommentar. 6. Aufl. München 1974.

Fischer-Dieskau, Joachim: Wohnungsbaurecht, Kommentar, Teilband I, Zweites Wohnungsbaugesetz. Köln, Stand 1973.

Forsthoff, Ernst: Begriff und Wesen des sozialen Rechtsstaats, in: VVDStRL 12, S. 8 ff.

— Über Maßnahmegesetze, in: Gedächtnisschrift für Walter Jellinek, Forschungen und Berichte aus dem Öffentl. Recht, München 1955.

— Lehrbuch des Verwaltungsrechts, Band I, Allgemeiner Teil, 10. Auflage, München, Berlin 1973.

Friauf, Karl Heinrich: Öffentlicher Haushalt und Wirtschaft, in: VVDStRL 27 (1969), S. 1 ff.

Funk, Dieter: Art. 80 Abs. 1 GG und § 14 Postverwaltungsgesetz, in: DÖV 67, S. 241 ff.

Geitmann, Roland: Bundesverfassungsgericht und „offene" Normen. Zur Bindung des Gesetzgebers an Bestimmtheitserfordernisse. Schriften zum öffentlichen Recht, Bd. 154, Berlin 1971.

Görz, Volkmar: Rezension des von Möller herausgegebenen Kommentars zum Stabilitätsgesetz, in: JZ 69, 756.

Haenel, Albert: Das Gesetz im formellen und materiellen Sinne (Albert Haenel, Studien zum Deutschen Staatsrechte, 2 Bde.), Leipzig 1888.

Haines, Hartmut: Soziale Rechte — ein Beitrag zur Konkretisierung, in: Das neue Sozialgesetzbuch, Frankfurt 1972.

Hamann, Andreas: Die Bindung der staatlichen Organisationsgewalt an die Gesetzgebung, in: NJW 56, S. 1 ff.

— Das Grundgesetz für die Bundesrepublik Deutschland vom 23. Mai 1949. Ein Kommentar für Wissenschaft und Praxis, begr. von Andreas Hamann, fortgeführt von Andreas Hamann jr. und Helmut Lenz, 3. Aufl. Neuwied, Berlin 1970.

Handwörterbuch der Rechtswissenschaft. Herausgegeben von Stier - Somlo, Fritz und Elster, Alexander. Berlin 1927.

Handlexikon zur Rechtswissenschaft. Herausgegeben von Axel Görlitz, München 1972.

Hasskarl, Horst: 16 Jahre Bundesrechtsetzung und ihre Schwerpunkte im Spiegel der Zahlen, in: DÖV 68, S. 558 ff.

Hauck, Karl: Das neue Sozialgesetzbuch, in: Das neue Sozialgesetzbuch. Frankfurt 1972.

Hedemann, Justus Wilhelm: Das Gesetz als Anruf, in: Festschrift für Erwin Bumke zum 65. Geburtstag, hrsg. von Mettenberg, Berlin 1939, S. 19 ff.

Heller, Hermann: Der Begriff des Gesetzes in der Reichsverfassung, in: VVDStRL Heft 4 (1928), S. 98 ff.

Herzog, Roman: Allgemeine Staatslehre. Frankfurt 1971.

Hesse, Joachim Jens: Stadtentwicklungsplanung: Zielfindungsprozesse und Zielvorstellungen. Schriftenreihe des Vereins für Kommunalwissenschaften e. V. Berlin, Bd. 38, 1972; zitiert als „Stadtentwicklungsplanung".

Hesse, Konrad: Der Rechtsstaat im Verfassungssystem des GG, in: Staatsverfassung und Kirchenordnung, Festgabe für R. Smend zum 80. Geburtstag. Tübingen 1962.

Hirsch, Ernst E.: Das Recht im sozialen Ordnungsgefüge. Beiträge zur Rechtssoziologie. Berlin 1966.

Hoche: Die Verordnungen zum Schutz von Volk und Staat und gegen Verrat am deutschen Volke, DJZ 1933, Sp. 394 ff.

— Die Schutzhaft nach der V. v. 28. Februar 1933, in: DJZ 1933, Sp. 1490 ff.

Hohrmann, Friedrich: Bundesgesetzliche Organisation landesunmittelbarer Selbstverwaltungskörperschaften. Berlin 1967.

Hoppe, Werner: Der Fortbestand wirtschaftslenkender Maßnahmegesetze bei Änderung wirtschaftlicher Verhältnisse, in: DÖV 65, 546 ff.

— Zur Struktur von Normen des Planungsrechts, in: DVBl. 74, S. 641 ff.

Huber, Konrad: Maßnahmegesetz und Rechtsgesetz; Schriften zum öffentlichen Recht, Band 12, Berlin 1963.

Ihering, Rudolph v.: Der Zweck im Recht, 2 Bde. 3. Aufl. Leipzig 1893.

Jakobi, Erwin: Die Rechtsverordnungen, in: Handbuch des Deutschen Staatsrechts Bd. 2, hrsg. von Gerhard Anschütz und Richard Thoma, Tübingen 1932.

Jantz, Kurt; *Hauck*, Karl: Der allgemeine Teil des Sozialgesetzbuches. 1. Schritt zur Kodifikation und Vereinfachung des Sozialrechts, in: Bundesarbeitsblatt 72, S. 489 ff.

Jellinek, Georg: Gesetz und Verordnung, Staatsrechtliche Untersuchungen auf rechtsgeschichtlicher und rechtsvergleichender Grundlage, Freiburg 1887.

Jesch, Dietrich: Gesetz und Verwaltung. Eine Problemstudie zum Wandel des Gesetzmäßigkeitsprinzips. Tübingen 1961.

Jülicher, Friedrich: Die Verfassungsbeschwerde gegen Urteile bei gesetzgeberischem Unterlassen. Berlin 1972.

Kaiser, Josef H.: Planung I, Recht und Politik der Planung in Wirtschaft und Gesellschaft. Baden-Baden 1965.

Kalkbrenner, Helmut: Verfassungsauftrag und Verpflichtung des Gesetzgebers, in: DÖV 63, S. 41 ff.

Kellner, Hugo: Der sogenannte Beurteilungsspielraum in der verwaltungsgerichtlichen Prozeßpraxis, in: NJW 66, S. 857 ff.

Kelsen, Hans: Reine Rechtslehre. Einleitung in die rechtswissenschaftliche Problematik. Leipzig—Wien, 2. Aufl. 1960.

— Hauptprobleme der Staatsrechtslehre, Tübingen 1911, zitiert als „Hauptprobleme".

Kewening, Wilhelm, A.: Zur Revision des Grundgesetzes: Planung im Spannungsverhältnis von Regierung und Parlament, in: DÖV 73, S. 23 ff.

Kipp, Heinrich: Stichwort „Gesetz" in Staatslexikon, 3. Bd., Hrsg. Görres-Gesellschaft, 6. Aufl. Freiburg 1959.

Klinger, Hans: Kommentar zur Verwaltungsgerichtsordnung. 2. Aufl. Göttingen 1964.

Kölble, Josef: Pläne im Bundesmaßstab oder auf bundesrechtlicher Grundlage, in: Kaiser, Planung I (s. dort).

König, René: Handbuch der empirischen Sozialforschung, Bd. I, 2. Aufl. Stuttgart 1967.

Köttgen, Arnold: Die Organisationsgewalt, in: VVDStRL 16, 154.

— Vom Deutschen Staatsleben (vom 1. Januar 1934 bis zum 30. September 1937), in: JöR Bd. 24/1937 (1938), S. 1 ff.

Kopp, Hans W.: Inhalt und Form der Gesetze als ein Problem der Rechtstheorie, mit vergleichender Berücksichtigung der Schweiz, Deutschlands, Frankreichs, Großbritanniens und der USA. Züricher Diss. 1958.

Krawietz, Werner: Zur Kritik am Begriff des Maßnahmegesetzes, in: DÖV 69, S. 127 ff.

Kriele, Martin: Theorie der Rechtsgewinnung entwickelt am Problem der Verfassungsinterpretation. Schriften zum öffentlichen Recht, Bd. 41, Berlin 1967.

Küchenhoff, Günther und Erich: Allgemeine Staatslehre, 6. Aufl., Stuttgart 1967.

Laband, Paul: Das Staatsrecht des Deutschen Reiches in 4 Bänden, 4. Aufl. 2. Band, Tübingen und Leipzig 1901, zitiert als „Staatsrecht".

— Zur Lehre vom Budgetrecht, in: AöR 1. Bd. (1886), S. 173 ff.

Lange, Hans-Richard. Die neuere Rechtsprechung des Bundesverfassungsgerichts zu Rechtsverordnungsermächtigungen, in: JZ 68, S. 417 ff.

Larenz, Karl: Methodenlehre der Rechtswissenschaft. 2. Aufl. Berlin 1969.

Lehmann-Brauns, Uwe: Die staatsrechtliche Bedeutung der Präambel des Grundgesetzes, Berliner Diss. 1965.

Leibholz, Gerhard: Grundgesetz für die Bundesrepublik Deutschland. Kommentar anhand der Rechtsprechung des Bundesverfassungsgerichtes von G. Leibholz, H. J. Rinck unter Mitwirkung von ... 4. Aufl. Köln 1971.

Liver, Peter: Der Wille des Gesetzes, Rektoratsrede, Bern 1954.

Luhmann, Niklas: Funktionale Methode und juristische Entscheidung, in: AöR Bd. 94 (1969), S. 3.

— Politische Planung. Aufsätze zur Soziologie von Politik und Verwaltung. Opladen 1971.

— Recht und Automation in der öffentlichen Verwaltung. Eine verwaltungswissenschaftliche Untersuchung. Schriftenreihe der Hochschule Speyer, Bd. 29, Berlin 1966.

— Rechtssoziologie, 2 Bde., Reinbek bei Hamburg 1972.

— Zweckbegriff und Systemrationalität, Tübingen 1968, zitiert als „Zweckbegriff".

Mangoldt, Hermann v.; *Klein*, Friedrich: Das Bonner Grundgesetz, 2 Bde., 2. Aufl., Bd. 1 1957, Bd. 2 1964, Berlin.

Maunz, Theodor: Bundesverfassungsgerichtsgesetz mit Nebengesetzen. München 1965.

— Deutsches Staatsrecht, 18. Aufl., München 1971.

Maunz, Theodor; *Dürig*, Günter; *Herzog*, Roman: Grundgesetz Kommentar, München 1971, zitiert als „Maunz-Dürig, Grundgesetz".

Maydell, Bernd v.: Auf dem Weg zu einem besseren Sozialrecht, in: ZRP 73. S. 115.

Mayer, Franz: Das Opportunitätsprinzip in der Verwaltung, Berlin 1963.

Mayntz, Renate; *Holm*, Kurt; *Hübner*, Peter: Einführung in die Methoden der empirischen Soziologie. Köln und Opladen 1969.

Meesen, Karl-Heinz. Maßnahmegesetze, Individualgesetze und Vollziehungsgesetze, in DÖV 70, S. 314.

Menger, Christian Friedrich: Das Gesetz als Norm und Maßnahme, in: VVDStRL 15 (1957), S. 1 ff.

— Aus der Praxis der Verwaltung und der Verwaltungsgerichtsbarkeit. Höchstrichterliche Rechtsprechung zum Verwaltungsrecht. Fortlaufend in: V Arch.

Mennicken, Axel: Das Ziel der Gesetzesauslegung. Eine Untersuchung zur subjektiven und objektiven Auslegungstheorie. Göttinger Diss. 1970.

Meyer, Georg: Lehrbuch des deutschen Staatsrechts, 7. Aufl., bearbeitet von Gerhard Anschütz, München, Leipzig 1919.

Meyer, Klaus: Zur gerichtlichen Überprüfung der Bauleitpläne, in: DVBl. 68, S. 492 ff.

Meyers Handbuch über die Wirtschaft: Hrsg. von der Lexikonredaktion des Bibliographischen Instituts. Redaktionelle Leitung: Gisela Preuß. 2. Aufl. Mannheim 1970.

Meyer-Cording, Ulrich: Die Rechtsnormen. Tübingen 1971.

Müller, Friedrich: Fragen einer Theorie der Praxis, in: AöR 1970, S. 154 ff.

Müller, Hanswerner: Handbuch der Gesetzgebungstechnik, 2. Aufl., Köln 1963.

Noll, Peter: Gesetzgebungslehre, Reinbek bei Hamburg 1973.

Obermayer, Klaus: Der Plan als verwaltungsrechtliches Institut, Mitbericht in: VVDStRL Heft 18, S. 144 ff.

Ossenbühl, Fritz: Ermessen, Verwaltungspolitik und unbestimmter Rechtsbegriff, in DÖV 70, S. 84 ff.

— Welche normative Anforderungen stellt der Verfassungsgrundsatz des demokratischen Rechtsstaates an die planende staatliche Tätigkeit. Gutachten für den 50. Deutschen Juristentag, in: Verhandlungen des fünfzigsten Deutschen Juristentages, Band I B, München 1974.

Platon: Sämtliche Werke, Bd. 6, Nomoi, Reinbek b. Hamburg 1962.

Radbruch, Gustav; *Zweigert,* Konrad: Einführung in die Rechtswissenschaften. 11. Aufl. Stuttgart 1964.

Rasch, Ernst: Die staatliche Verwaltungsorganisation. Köln, Berlin 1967.

Redeker / v. Oertzen: Verwaltungsgerichtsordnung. 4. Aufl. Stuttgart 1971.

Riedel, Hermann: Jugendwohlfahrtsgesetz. 4. Aufl. Berlin 1965.

Rinken, Alfred: Stichwort „öffentliches Recht", in Handlexikon zur Rechtswissenschaft (s. dort).

Roellecke, Gerd: Der Begriff des positiven Gesetzes und das Grundgesetz. Mainz 1969.

Rottleuthner, Hubert: Rechtswissenschaft als Sozialwissenschaft, Frankfurt 1973.

Rupp, Hans-Heinrich: Grundfragen der heutigen Verwaltungsrechtslehre. Tübingen 1965.

Scheuner, Ulrich: Die Aufgabe der Gesetzgebung in unserer Zeit, in: DÖV 60, S. 601 ff.

Schmidt, Franz: Die Errichtung und Einrichtung der Staatsbehörden nach preußischem Recht. Tübinger Diss. 1905.

Schmidt, Lothar: Stichwort „Gesetz", in: Handlexikon zur Rechtswissenschaft (s. dort).

Schmidt, Walter: Die Programmierung von Verwaltungsentscheidungen, in: AöR 96 (1971), S. 321.

Schmidt-Bleibtreu: Anmerkung zu BVerfG, Urt. vom 13. 12. 1961 — 1 BvR 1137/59 — 1 BvR 278/60 — in: DÖV 62, S. 105.

Schmitt, Carl: Kodifikation oder Novelle. Über die Aufgabe und Methode der heutigen Gesetzgebung, in: Deutsche Juristen-Zeitung 1935, Sp. 919 ff.

Schmidt-Preuss, Matthias: Plan-Programm und Verfassung. Bemerkung zu § 1 Stabilitätsgesetz, in: DVBl. 70, S. 535 ff.

Schmidt-Rimpler, Walter: Zur Gesetzgebungstechnik, in: Festschrift für J. W. Hedemann zum 60. Geburtstag am 24. April 1938, hrsg. von Freisler, Löning, Nipperdey, Jena 1938, S. 75 ff.

Schmidt-Salzer, Joachim: Die normstrukturelle und dogmatische Bedeutung der Ermessensermächtigungen, in: V Arch 1969, S. 161 ff.

Schoepke, Peter: Die rechtliche Bedeutung der Präambel des Grundgesetzes für die Bundesrepublik Deutschland. Tübinger Diss. 1965.

Schulze-Brachmann, Arno: Lastenausgleichsgesetz nebst Durchführungsverordnungen. Berlin 1953.

Schunck-De Clerck: Verwaltungsgerichtsordnung, 2. Aufl. Siegburg 1967.

Siegers, Josef: Die Kodifizierung des Sozialrechts, in: Das neue Sozialgesetzbuch, Frankfurt 1972.

Sozialenquête-Kommission. Soziale Sicherung in der Bundesrepublik Deutschland (Bericht).

Starck, Christian: Der Gesetzesbegriff des Grundgesetzes. Ein Beitrag zum juristen Gesetzesbegriff. Baden-Baden 1970.

Stern, Klaus; *Münch*, Paul; *Hansmeyer*, Karl Heinrich: Gesetz zur Förderung der Stabilität und des Wachstums in der Wirtschaft. Kommentar. 2. Aufl. Stuttgart 1972, zitiert als „Stabilitätsgesetz".

— Ermessen und unzulässige Ermessensausübung. Eine Analyse der subjektiven Elemente. Studien und Gutachten aus dem Institut für Staatslehre, Staats- und Verwaltungsrecht der Freien Universität Berlin, Heft 4, 1964, zitiert als „Ermessen".

Thoma, Richard: Grundbegriffe und Grundsätze, in: HdbStR 2. Bd. S. 108 ff.

Thomandl, Theodor: Der Einbau sozialer Grundrechte in das positive Recht. Tübingen 1967.

Ule, Carl Hermann: Abschnitt „Rechtmäßigkeit", in: Verwaltung. Eine einführende Darstellung, Hrsg. Fritz Morstein Marx, Berlin 1965.

Weber, Hermann: Stichwort „Sozialrecht", in Handlexikon zur Rechtswissenschaft (s. dort).

Wegener, Gerhard: Die Ziele der Raumordnung und Landesplanung — ihre Bedeutung in Bund und Ländern. Kölner Diss. 1971.

Wehrhahn, Herbert: Das Gesetz als Norm und Maßnahme, Mitbericht, in: VVDStR 15 (1957), S. 35 ff.

Wenzel-Friedrich: Das Reichserbhofgesetz, 1934, zitiert nach Dietze, Der Gesetzesvorspruch.

Wertenbruch, Wilhelm: Sozialverwaltungsrecht, in: J. v. Münch, Besonderes Verwaltungsrecht, 1969, Bad Homburg, S. 293 ff.

Wieacker, Frank: Aufstieg, Blüte und Krisis der Kodifikationsidee, in: Festschrift für Gustav Boehmer zum 70. Geburtstag, S. 34 ff., Bonn 1954.

— Der Kampf des 19. Jahrhunderts um die Nationalgesetzbücher, in: Festschrift für Wilhelm Felgentraeger zum 70. Geburtstag, S. 409 ff., Göttingen 1969.

Wiebel, Markus: Zur verwaltungsrechtlichen Bedeutung des Stabilitätsgesetzes, in: DVBl. 68, S. 899.

Wittkämper, Gerhard: Analyse und Planung in Verwaltung und Wirtschaft. Bonn-Bad Godesberg 1972.

Wolff, Hans J.: Verwaltungsrecht I, 8. Aufl., München 1971.

Wolff, Karl: Die Gesetzessprache, Wien 1952.

Wolff, B.: Die Ermächtigung zum Erlaß von Rechtsverordnungen nach dem Grundgesetz, in: AöR 78 (1953), S. 194 ff.

Zacher, Hans: Das Vorhaben eines Sozialgesetzbuches, in: Die Sozialordnung der Gegenwart, Bd. 11 — Dokumentation für das Jahr 1971 — S. 43 ff., Bonn 1972.

Zais, Dietrich: Rechtsnatur und Rechtsgehalt der Präambel des Grundgesetzes für die Bundesrepublik Deutschland vom 23. Mai 1949, Tübinger Diss. 1974.

Zeidler, Karl: Maßnahmegesetz und „klassisches" Gesetz. Eine Kritik von Karl Zeidler. Karlsruhe 1961.

Zinkahn, Willi; *Bielenberg*, Walter: Raumordnungsgesetz des Bundes, Kommentar unter Berücksichtigung des Landesplanungsrechts. Berlin 1965; zitiert als „Raumordnungsgesetz".

Es wurden die in der Rechtswissenschaft üblichen Abkürzungen verwendet, die bei Hildeberg Kirchner, Abkürzungsverzeichnis der Rechtssprache auf der Grundlage der für den Bundesgerichtshof geltenden Abkürzungsregeln, nachgeschlagen werden können.

Printed by Libri Plureos GmbH
in Hamburg, Germany